FR

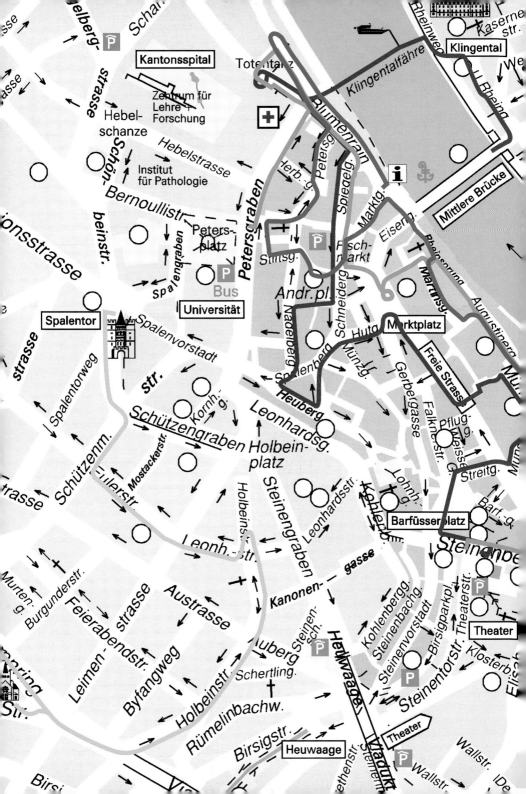

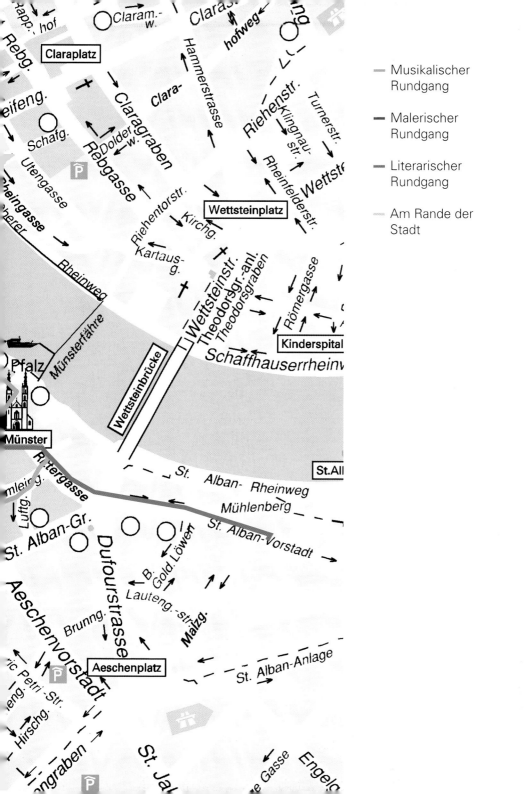

Claram.-w.

Claraplatz

Clara-hofweg

Reb g.

Rapp.-hof

Rebg.

Claragraben

Hammerstrasse

Clara-

Riehenstr.

eifeng.

Schafg.

Dolder w.

Rebgasse

Turnerstr.

Klingnau- str.

Utengasse

heingasse

Riehentorstr.

Rheinfelderstr.

Wettst

heinweg

Rheinweg

Kirchg.

Wettsteinplatz

hefer

Kartaus- g.

Römergasse

Münsterfähre

Wettsteinstr.

Theodorsgr.-anl.

Theodorsgraben

Kinderspital

Pfalz

Wettsteinbrücke

Schaffhauserrheinw

Münster

St. Alban- Rheinweg

St.All

Rittergasse

mleir g.

Mühlenberg

St. Alban-Gr.

Dufourstrasse

Luftg.

Gold. Löwen

St. Alban-Vorstadt

Aeschenvorstadt

B.

Lauteng.- stri.g.

Malzg.

Brunng.

ric Petri -Str.

Aeschenplatz

St. Alban-Anlage

eng.

Hirschg.

ngraben

St. Jal

Gasse

Engelg

- Musikalischer Rundgang

- Malerischer Rundgang

- Literarischer Rundgang

- Am Rande der Stadt

Helen Liebendörfer

Spaziergänge
zu Malern, Dichtern und Musikern in Basel

Friedrich Reinhardt Verlag

Titelbild:
Muse auf dem Brunnstock des Rebhausbrunnens im Kleinbasel, Riehentorstrasse
(Original im Historischen Museum, 16. Jahrhundert).

Rückseite:
Hans Holbein der Jüngere: Bildnis des schreibenden Erasmus von Rotterdam, 1523
(Tempera auf Lindenholz, im Kunstmuseum Basel).

Die Deutsche Bibliothek – CIP-Einheitsaufnahme

Liebendörfer, Helen:
Spaziergänge zu Malern, Dichtern und Musikern in Basel /
Helen Liebendörfer. - Basel : F. Reinhardt, 2000
ISBN 3-7245-1110-8

© 2000 by Friedrich Reinhardt Verlag, Basel
Lithos: Reinhardt Druck Basel
Printed in Switzerland by Reinhardt Druck Basel
ISBN 3-7245-1110-8

Inhalt

Ouvertüre

«Mehr sein als scheinen» ist gut baslerische Tradition. Man möchte eher weniger vorstellen als zu viel, das gehört sich so in Basel. Deshalb findet man in der Stadt nur an wenigen Häusern Gedenktafeln, die an berühmte Bewohner erinnern.

So soll auch in diesem Büchlein kein Personenkult getrieben werden, sondern es will Baslern und Nichtbaslern in Erinnerung rufen, welche Persönlichkeiten aus der Welt der Musik, der Malerei und der Dichtung in Basels Mauern gelebt oder die Stadt besucht haben. Selbstverständlich ist es nicht möglich, eine komplette Liste aller Künstlerinnen und Künstler aufzuführen und in Rundgängen zu vereinigen.

Drei Spaziergänge führen durch die Innenstadt, durch stille Gassen und vorbei an reizvollen Fassaden, aber auch in den Trubel der Talstadt rund um den Marktplatz. Beim vierten Rundgang am Rande der Altstadt empfiehlt es sich, ein Stück mit der Strassenbahn, dem Tram, zurückzulegen. Die Rundgänge können nach Zeit und Lust unterbrochen werden. Sie sind nach Themen zusammengestellt – Musiker, Maler und Dichter – und sollen die Persönlichkeiten würdigen und sie uns anhand von kleinen Geschichten und Zitaten näher bringen. Ganz im Sinne Jacob Burckhardts, der schon vor hundert Jahren meinte:

«Bleiben Sie nur der Kunst in allen ihren Zungen getreu, der Musik, der Poesie und der Malerei, und glauben Sie beharrlich, dass die Veredelung des Lebens durch ihre herrlichen Dinge einem nicht umsonst verliehen ist. Es gibt ja vortreffliche Menschen, die dies alles entbehren, und es wird ihnen Ersatz vergönnt sein, aber besser ist, man habe es.»[1]

Auf den Spuren von Musikern durch Basel

Besonderes:
Musikinstrumenten-Museum im Lohnhof (neben der Leonhards-
kirche, vom Barfüsserplatz aus erreichbar). Eröffnung im Herbst 2000.
Orgelspiel zum Feierabend: jeden Freitag um 18.15 Uhr in der Leon-
hardskirche. Eintritt frei.
Turmblasen: jeden Samstag um 17.00 Uhr von den Münstertürmen.

Vom Barfüsserplatz bis zum Münster

Wir beginnen unseren musikalischen Rundgang dort, wo in Basel am
meisten Musik gemacht wird: beim Stadtcasino am Barfüsserplatz. Wir
spazieren um das Casino herum zum **Steinenberg**. Hier ist der Eingang
zum **Musiksaal**. Der neobarocke Bau, an dessen Fassade Köpfe von
Mozart und Beethoven zu entdecken sind, verrät, was dahinter an
schönen Genüssen zu erwarten ist. Der Musiksaal wird wegen seiner
ausgezeichneten Akustik gerühmt (wenn auch der Lärm der aussen
vorüberfahrenden Tramwagen bei Pianostellen hin und wieder empfindlich stört). Im Musiksaal hat nicht nur der erste Zionistenkongress
getagt – Sie finden eine entsprechende Erinnerungstafel an der Wand
(1897) –, sondern hier sind auch unzählige Uraufführungen gespielt
worden, und berühmte Solistinnen und Solisten haben eine grosse
Zuhörerschar zu begeistern vermocht.
Der Saal wurde 1876 nach Plänen von Architekt **Johann Jakob
Stehlin** erbaut und mit der neunten Symphonie von **Beethoven**
eingeweiht. Mit dem Bau dieses Musiksaales ging die Gründung der
Allgemeinen **Musikgesellschaft** einher. Das Orchester war dem
neuen Saal entsprechend vergrössert worden. Es umfasste 38 Berufsmusiker und 14 Dilettanten. Heute spielen rund 115 Berufsmusiker
im **Sinfonieorchester Basel**, und Dilettanten werden längst keine
mehr zugezogen!
Schon in den ersten Jahren des neuen Saales konzertierten hier viele
berühmte Musiker. So hat 1877 **Clara Schumann** als Solistin im a-Moll
Klavierkonzert ihres Gatten Robert Schumann die Zuhörerschaft begeistert. **Johannes Brahms** und **Gustav Mahler** dirigierten in diesem
prachtvollen Saal ihre Werke, und über **Felix Weingartner** führen die

Namen berühmter Dirigenten hin zur Gegenwart mit **Pierre Boulez** und **Heinz Holliger**.

Alle international bekannten Solistinnen und Solisten sind hier aufgetreten, vom weltberühmten Geiger **Sarasate** bis hin zu **Anne Sophie Mutter**, von den Cellisten **Pablo Casals** bis **Rostropowitsch** und von den Pianisten **Arthur Rubinstein** bis **Clara Haskil**.

Köstlich liest sich der Bericht von Jacob Burckhardt von 1880: «Basel schwirrt von Musik; Rubinstein hat sich zwei Abende das Herz aus dem Leibe getrommelt.»[2]

Oftmals spielten berühmte Solisten in Ur- oder Erstaufführungen, die **Paul Sacher** zu verdanken waren. Rund 200 Auftragswerke für sein Basler Kammerorchester und seinen Kammerchor erklangen in diesem Saal, unter anderem von **Arnold Schönberg**, **Paul Hindemith**, **Béla Bartók**, **Igor Strawinsky**, **Benjamin Britten**, **Bohuslav Martinù** und **Arthur Honegger**, aber auch von Schweizer Komponisten, wie **Conrad Beck**, **Klaus Huber**, **Robert Suter**, **Rudolf Kelterborn**, **Jacques Wildberger**, **Jürg Wyttenbach** und **Albert Moeschinger**.

In **Hindemiths** Konzert für Solobratsche hörte man 1931 den Komponisten persönlich auf der Bratsche spielen, und bei der Basler Erstaufführung seines Werkes «Mathis der Maler» stand Hindemith am 6. Februar 1935 am Dirigentenpult. Im selben Konzert sass darüber hinaus **Béla Bartók** am Klavier, als Solist in seinem Klavierkonzert Nr. 2!

1930 leitete **Igor Strawinsky** in diesem Saal persönlich ein Konzert, in welchem er sein «Rag Time», sein «Capriccio für Klavier und Orchester» (hier spielte er auch den Klavierpart) und sein Werk «Apollon Musagète» in Basel als Erstaufführung erklingen liess.

Auf der anderen Strassenseite des Steinenbergs finden Sie hinter dem verspielten Brunnen von **Jean Tinguely** das moderne Gebäude des **Basler Stadttheater**s. Es wurde 1975 eingeweiht und wird als Dreispartenbetrieb mit Oper / Operette, Schauspiel und Ballett geführt. Zu den Diskussionsthemen kulturinteressierter Kreise der Region Basel gehören immer auch die Aufführungen des Theaters. Wobei das Musiktheater besonders kritisch begutachtet wird: «Letzten Freitag war ich im Theater. Man verhunzte die ‹Zauberflöte›; Du weisst aber, dass ich von Gebäuden her das Talent habe, mir die Sachen zu denken, wie sie eigentlich sein sollten, und so hatte ich im Grund doch grossen Genuss.»[3] Dieser Satz könnte aus der Gegenwart stammen – er wurde aber nach einer Aufführung vom 7. Dezember 1838 geschrieben und stammt von **Jacob Burckhardt**! In jenen Jahren waren die Aufführungen von sehr unterschiedlicher Qualität. Sie hingen entscheidend davon ab, welche Truppe sich jeweils während der Saison im Theater eingemietet hatte. Erst 1892 wurde die Leitung des Theaters von einer Theaterkommission übernommen. Auch heute spielt es im Dreispartenbetrieb (Oper, Schauspiel und Ballett) eine Rolle, ob der Theaterdirektor eher eine Beziehung zur Oper oder zum Schauspiel hat. Unter den Theaterdirektoren **Oskar Wälterlin** oder **Friedrich Schramm** erlebten die Basler viele herrliche Opernaufführungen, von denen sie noch heute schwärmen. Dazu trugen entscheidend die Dirigenten am Pult bei, wie **Felix Weingartner**, **Hans Münch**, **Silvio Varviso** und **Armin Jordan**, und natürlich auch die Sängerinnen und Sänger auf der Bühne. Vor kurzem erinnerte sich zum Beispiel **Montserrat Caballé** mit einem umjubelten Konzert an ihr Theaterdebüt in Basel, mit dem sie ihre grosse Karriere begonnen hat. Auch **Grace Bumbry** hat in Basel als gefeierter Star auf der Bühne gestanden. Ein wichtiger Klangkörper bei den Opernaufführungen ist der stets durch besondere Qualität hervorstechende Theaterchor. Der Berufschor und der aus Laien zusammengestellte Extrachor des Basler Theaters können sich durchaus mit denjenigen grosser Opernhäuser messen und tragen einen wesentlichen Teil zum Gelingen einer Opernaufführung bei.

Unser Rundgang führt weiter den Steinenberg hinauf. Oben angekommen, wendet man sich nach links und spaziert in die **Freie Strasse**. Im Eckhaus rechter Hand Nr. 113/115, dem Kettenhof (heute befindet sich an seiner Stelle ein modernes Bankgebäude), wurde im 19. Jahrhundert ganz besonders intensiv Hausmusik betrieben. Der damalige Besitzer, der Bankier **Friedrich Riggenbach**, war sehr musikalisch. Nach seiner Heirat mit **Margaretha Stehlin** wurde im Kettenhof ein Gesangkränzchen, das «Riggenbach'sche Kränzchen» abgehalten, welches von 1850 bis 1865 regelmässig stattfand. Die Mitglieder waren alles Leute mit guten Stimmen und Musikalität, insgesamt zwischen 25 und 40 Personen. Man führte Chorwerke von **Mendelssohn**, **Schumann** und **Brahms** auf. Brahms' Lied Nr. 6 «Nachtigallen schwingen lustig» wurde hier sogar uraufgeführt, aber auch Vokalwerke von **Bach** und aus der vor-bachschen Zeit. Eine lange, freundschaftliche Beziehung pflegte das Ehepaar Riggenbach mit **Johannes Brahms**. Bei seinen zahlreichen Aufenthalten in Basel (1865, 1866, 1874, 1881 und 1887) logierte Brahms jeweils im Kettenhof.[4] Der Komponist scheint sich in Basel wohl gefühlt zu haben, berichtet er doch in einem Brief, dass er in Basel «äusserst fidel» lebe!

Ausserdem wurden im Kettenhof viele Hauskonzerte mit illustren Musikern jener Zeit durchgeführt. Für ein Konzert mit **Clara Schumann** unternahm man sogar extra eine Reise nach Paris und erstand einen neuen Flügel! Auch **Hans von Bülow** pflegte eine rege Beziehung zu diesem Haus. Leider wurde die Familie Riggenbach von mehreren Schicksalsschlägen heimgesucht. Von den vier Kindern starben drei in jungen Jahren. So fiel das «Kränzchen» auseinander und auch die Hauskonzerte fanden nur noch selten statt.

Margaretha Riggenbach-Stehlin war übrigens die grosse Jugendliebe von Jacob Burckhardt. Die junge Margaretha Stehlin besass eine schöne Altstimme und hat im Münster auch Solopartien gesungen. Es war aber selbstverständlich undenkbar, dass man eine Karriere als Sängerin in Betracht gezogen hätte! **Jacob Burckhardt** hat für sie sein Lyrikbändchen «e Hämpfeli Lieder» verfasst. Auch einige Kompositionen sind erhalten von ihm. «Composizioni di Giacomo Burcardo 1833» ist das Heft betitelt. Man findet darin Klavierstücke und Choralsätze sowie ansprechende Lieder nach Gedichten von Goethe und Schiller.[5]

Wir spazieren nun zur **Bäumleingasse**. Um dorthin zu gelangen, wendet man sich – etwas weiter die Freie Strasse hinunter gehend – bei der ersten Strasse nach rechts. An der Bäumleingasse Nr. 18 ist eine Erinnerungstafel angebracht. Hier starb im Jahre 1536 der berühmte Gelehrte **Erasmus von Rotterdam**. Das Sterbezimmer im ersten Stock ist im Laufe der Jahrhunderte verändert worden, aber es vermittelt – mit zahlreichen Erinnerungsstücken versehen – immer noch etwas vom Geist des hohen Gelehrten. Das Grab von Erasmus kann im Basler Münster besucht werden. Zur Musik seiner Zeit hat sich Erasmus auch geäussert. Pointiert, wie gewohnt, formuliert er zum Beispiel zur Musik in den Kirchen:

«Wir haben eine geschäftige und theatralische Art von Musik in unsere geheiligten Gebäude eingelassen – ein lärmendes Gebrüll verschiedener Stimmen, wie man das, so glaube ich, in den Theatern der Griechen und Römer kaum gehört haben dürfte. Sie schmettern alles nur so heraus mit Trompeten, Clarinos, Holzbläsern und Lauten, und menschliche Stimmen wetteifern mit diesen Instrumenten. Man hört niedrige, verliebte Gassenhauer, zu denen sonst Dirnen und Mimen tanzen. Die Leute strömen in den heiligen Bau wie in ein Theater, um ihren Ohrenkitzel zu haben. Und zu diesem Zwecke werden noch Organisten gegen hohes Entgelt gehalten und Scharen von Knaben, die ihre Zeit vergeuden mit diesen Dingen und dazwischen nichts Gescheites lernen.»[6]

Schräg gegenüber am Haus der Bäumleingasse Nr. 11 findet man eine weitere, besondere Erinnerungstafel: «Dr. Fritz Berger, Basler Drummeldoggter, 1895–1963» liest man darauf. Diese Tafel wurde von den Basler Fasnachtscliquen (Pfeifer- und Tambourengruppen) gewidmet. Die auswärtigen Besucher der Basler Fasnacht denken oft, dass jeder

Basler von klein auf trommeln könne, dabei ist es eine Kunst, die jahrelang fleissig gelernt werden muss. **Fritz Berger**, von den Fasnächtlern liebevoll «Frutz» genannt, hat zum ersten Mal einen vollständigen Lehrgang für das Studium und den Unterricht des Trommelns verfasst. Er fand dabei eine spezielle Art, mit besonderen rhythmischen Markierungen die dynamischen Nuancierungen des Trommelns zu notieren. Im Weiteren hat er eine stattliche Sammlung von Trommelmärschen aufgeschrieben und erst noch unzählige neue Fasnachtsmärsche komponiert.[7]

Wenige Meter weiter lockt ein überaus schöner Barockbau, das Haus «zum Delphin». Das Eckhaus, dessen Eingang man in der **Rittergasse** Nr. 10 – bei der folgenden Querstrasse nach links gehend – findet, wurde um 1760 vom bedeutenden Basler Architekten **Samuel Werenfels** erbaut. Auch in diesem prachtvollen Gebäude hat **Johannes Brahms** mehrere Male ein Hauskonzert gegeben, und **Hans von Bülow** mit seiner Gemahlin **Cosima** hat hier logiert. Besitzer des Hauses war zu jener Zeit **Eduard His**, der ein grosser Kunstliebhaber war. Er forschte über das Leben Holbeins nach, war Präsident der öffentlichen Kunstsammlung, aber auch Präsident der Konzertkommission. Die grossen Solisten der Abonnementskonzerte haben alle gerne im «Delphin» übernachtet, unter anderen **Arthur Rubinstein**.

Gleich gegenüber mündet ein Gässchen mit einem daran anstossenden Garten mit schönem, schmiedeisernem Gitter. An Stelle dieses Gartens stand im 19. Jahrhundert ein grosses Haus direkt an der Strasse. Weil der Bau aber den Bewohnern des «Delphin» das Licht raubte, wurde er schliesslich aufgekauft und abgerissen. Der letzte Bewohner dieses Hauses «zum Ulrichseck» war der in Basel sehr bekannte feinsinnige Musiker, Gesangslehrer und Komponist **Rudolf Löw**. Von seinen Kompositionen hat er leider aus Bescheidenheit fast nichts in Druck gegeben.

Der ganze Strassenzug bis zum Münster wirkte Anfang des 19. Jahrhunderts noch völlig mittelalterlich geschlossen. Haus reihte sich an Haus, dazwischen stand die Ulrichskirche. Sie wurde allerdings nach der Reformation nur noch als Magazin benutzt und schliesslich abgerissen. An ihrer Stelle befindet sich heute eine moderne Turnhalle. An der Wand des nicht unbedingt schönen, aber wohl zweckmässigen Baus finden Sie Hinweistafeln über die älteste Besiedlung des Münsterhügels. Gegenüber im Hofareal kann man unter grossen Vitrinen die alte Keltenmauer bestaunen. Das keltische Oppidum, das auf dem heutigen Münsterhügel gestanden hat, wurde etwa um 50 v. Chr. erbaut. Im Jahr 15 v. Chr. eroberten die Römer die Siedlung. Sie bauten sich da-

nach an Stelle des keltischen Oppidums ein Kastell. Es ist anzunehmen, dass schon damals jemand in ein urtümliches Horn zum Angriff
oder zur Verteidigung geblasen hat! Jedenfalls wurde auf dem Münsterhügel ein Mundstück einer römischen Tuba gefunden. Dieses älteste Basler Instrumentenstück kann man nun im Musikinstrumenten-
Museum betrachten.[8]

Münster und Münsterplatz

Heutzutage ertönen Posaunen und Trompeten auf dem Münsterhügel:
Jeden Samstag um 17 Uhr spielt der **Stadtposaunenchor** von einem
der Münstertürme aus. Das Blasen vom Turm ist eine sehr alte Tradition. Früher wurde mit dem Heerhorn gespielt, einem Instrument, das
ursprünglich aus einem Kuhhorn, später dann auch aus Metall angefer-
tigt wurde. Es war bis ins 19. Jahrhundert das bevorzugte Horn der Jä-
ger und Nachtwächter. **Turmbläser** gab es nicht nur auf dem Münsterturm, sondern auch auf dem Turm der Martinskirche und im Kleinbasel,
auf dem Turm der Niklauskapelle bei der Mittleren Brücke. Sobald die
Abendglocke ausgeläutet hatte, mussten die Hochwachen ihre Plätze
einnehmen und «die Nacht hornen oder blasen in rechter ordentlicher
Länge». Bis zum Läuten der Torglocke am nächsten Morgen musste
die ganze Nacht hindurch nach jedem Stundenschlag ein «Hornblos»
erfolgen. Ebenso wichtig war es, bei Ausbruch eines Feuers oder beim
Herannahen eines Feindes Alarm zu schlagen. 1880 wurde das Turmblasen abgeschafft, dafür kann man nun den Bläsern des Stadtposau-
nenchors zuhören. Sie spielen Choräle, die von den vielen Zuhörern unten auf dem Platz trotz des Verkehrs verfolgt und oft auch mitgesungen
werden.
Im Innern des **Münster**s finden wir mehrere musizierende Gestalten
abgebildet. So zum Beispiel in der Vierung, im Chorgestühl aus dem 14.
Jahrhundert: Hier kann man verschiedene Mischwesen erkennen, die
fröhlich musizieren. In den hohen Rücklehnen finden wir eine ganze
Ausgeburt der Hölle dargestellt. Mit grinsenden Fratzen und viel
Schwung musizieren, verlocken und verführen verschiedene Sirenen
und Kentauren mit Instrumenten, die im Mittelalter vor allem von der
Volksmusik benutzt wurden: Radleier, Schalmeien und Trommeln, aber
auch Mandola, Trummscheit und Glockenspiel sind zu entdecken.
Im Münster ist viel musiziert worden. Die erste in der Schweiz erwähnte Orgel befand sich im Basler Münster (1303). Sie ist längst nicht
mehr erhalten. Die Orgeln mussten den wechselnden Ansprüchen jeweils angepasst werden. Es waren zuerst Schwalbennestorgeln. Eine

Bläser vom Stadtposaunenchor blasen jeden Samstag um 17 Uhr vom Münsterturm.

17

davon besass Orgelflügel, die von **Hans Holbein d. J.** bemalt worden sind (heute befinden sie sich im Kunstmuseum). Auch **Andreas Silbermann** schuf eine Münsterorgel, doch ist sie ebenfalls nicht mehr erhalten.

Nach der Reformation wurde das Orgelspiel verboten, bereits 1561 aber wieder eingeführt. Man wünschte jedoch ausschliesslich eine Begleitung zum Choralsingen. Das Amt des Organisten blieb deshalb lange Zeit nur ein Nebenamt für die Schulmeister. Von Magister **Samuel Schneider**, der neben seiner Stelle als Reallehrer das Organistenamt im Münster von 1795 bis 1838 versah, wird berichtet, seine Registrierung und seine Vorspiele seien Jahr für Jahr die gleichen geblieben! Allerdings: Die Organisten spielten auch immer zum unveränderten Jahresgehalt von nur 600 Franken (noch 1872 bezogen sie dasselbe Honorar wie im 17. Jahrhundert). Das habe den Vorteil, dass die Gemeinde «wenigstens nie etwas Ungebührliches zu hören» bekäme, wurde vermerkt. Allerdings stimmt das nicht ganz. Es wird berichtet, dass der schon erwähnte Samuel Schneider einmal an einem Buss- und Bettag als Nachspiel eine Arie aus Mozarts Zauberflöte intoniert hätte. Offensichtlich befand sich eine musikalisch sehr bewanderte Dame unter den Gottesdienstbesuchern. Sie erkannte die Melodie, und der Organist erhielt einen herben Verweis von der Geistlichkeit!

In der Mitte des 19. Jahrhunderts gaben die Pläne für eine grössere Orgel den Anstoss zu einer gewaltigen Veränderung im Münster. Der Lettner, der bis dahin immer noch an seinem ursprünglichen Ort gestanden hatte, nämlich vor der Vierung, wurde gegen den Haupteingang hin versetzt und hatte nun als Orgeltribüne zu dienen. Auf der danach erbauten ausgezeichneten **Haas**'schen Orgel spielten die Organisten weiterhin ihre Choralvorspiele. Es ist hauptsächlich **Adolf Hamm** zu verdanken, dass Basel durch sein Spiel und seine Orgelkonzerte zum ersten Mal nach der Reformation die Orgelmusik wieder schätzen lernte. Er wurde 1906 zum Münsterorganisten gewählt. Im Zentrum seiner über 150 Orgelkonzerte standen die Werke von **Johann Sebastian Bach,** aber es sind auch oftmals Stücke von **Max Reger** in den Programmen zu finden. Im Übrigen hat auch Urwalddoktor **Albert Schweitzer** auf jener Orgel gespielt. Er musizierte zusammen mit dem durch Adolf Hamm 1911 gegründeten **Bach-Chor** bei einem Konzert. Die Haas'sche Orgel musste leider Mitte des 20. Jahrhunderts ersetzt werden, und im Moment steckt man gerade wieder in Diskussionen über eine neue Orgel im Münster (ab 2003).

Während heute der Basler Bach-Chor in der Martinskirche konzertiert, finden die Konzerte des **Basler Gesangverein**s hauptsächlich im Münster statt. Zum besonders eindrücklichen Erlebnis in diesem stimmungs-vollen Raum werden jeweils die Aufführungen von Bachs Matthäus-passion. Sie erklang in Basel zum ersten Mal am 16. Juni 1865 unter der Leitung von **Ernst Reiter**. Damit war Basel nach Berlin die erste Stadt, die dieses Werk nach langer Zeit des Vergessens wieder zur Auf-führung brachte. Und in den Reihen der Zuhörer sass an diesem Tag kein Geringerer als **Johannes Brahms**! Wenige Jahre später stand Brahms selbst am Dirigentenpult im Münster. Zum 50-jährigen Ju-biläum des Basler Gesangvereins erklang am 9. Juni 1874 erstmals in der Schweiz Brahms' «Triumphlied». Unter den interessierten Zuhörern befand sich damals auch **Friedrich Nietzsche**, auf den diese Auf-führung grossen Eindruck gemacht hat.

Am 15. Juni 1903 dirigierte **Gustav Mahler** hier im Münster seine zweite Sinfonie, die sogenannte «Auferstehungssinfonie». Mahler er-wähnt dieses Ereignis gegenüber seiner Schwester in einem Brief: «Die drei Proben wären also vorüber. Alles ausgezeichnet vorbereitet. Chor wundervoll – ich hoffe (auf) eine befriedigende Aufführung. Die Kirche stimmungsvoll … Das Orchester ist entschieden besser, und nimmt sich sehr zusammen, obwohl sie noch immer dumm drein-schauen …»[9] Die Aufführung fand übrigens bei Publikum und Kritik weitgehend Zustimmung, was keineswegs selbstverständlich war in jener Zeit.

Aussen, hoch oben an den Türmen, sind auch musizierende Engel zu entdecken, zum Beispiel an der Konsole der Marienstatue im Giebel. Um hinaufsteigen zu können, meldet man sich am Kiosk beim Eingang des Münsters. Das Treppensteigen lohnt sich auch wegen der wun-derbaren Aussicht auf die Stadt!

Bei der **Galluspforte** können Sie weitere Musikinstrumente finden. Dieses reich geschmückte Portal aus rotem Sandstein stammt aus dem 12. Jahrhundert (man findet es auf der Nordseite des Münsters). Oben am Portal, rechts und links, blasen die Engel zum Jüngsten Gericht. Es sind keine gewöhnlichen Posaunen, sondern mittelalterliche Heerhör-ner. Sie erzeugten den lautesten und dröhnendsten Klang, den jene Zeit kannte.

Natürlich darf ein Abstecher auf die Pfalz nicht fehlen, um den herrli-chen Blick auf die Stadt und den Rhein zu geniessen. Danach spaziert man von der Galluspforte aus entlang der dort beginnenden Häuserrei-he bis zur Ecke. Dort, am Münsterplatz Nr. 4, befindet sich die **Paul Sacher Stiftung**. Es handelt sich um ein internationales Forschungs-zentrum und Archiv für Musik des 20. Jahrhunderts, das **Paul Sacher** (1906–1999) ins Leben gerufen hat. Es befinden sich hier nicht nur die

Originale der meisten seiner rund 200 Auftragswerke aus dem 20. Jahrhundert, sondern auch der Nachlass von **Igor Strawinsky**, **Anton Webern**, **Frank Martin**, **Arnold Schönberg** und **Béla Bartók** sowie zahlreiche weitere wichtige Sammlungen und Nachlässe mit Werken zeitgenössischer Komponisten. Musiker und Musikwissenschaftler aus aller Welt können hier ihren Aufgaben und Studien nachgehen und forschen. Zudem besteht die Möglichkeit, auch Filme über Komponisten anzuschauen. Allein von Strawinsky befinden sich hier Filme von 48 Stunden Spielzeit!

Vom Münsterplatz bis zur Martinskirche

Indem man der Häuserzeile weiter folgt und um die Ecke biegt, gelangt man in die **Augustinergasse**. Auf der linken Seite der Gasse sticht bald ein mächtiges, gelb gestrichenes Gebäude ins Auge, über dessen Eingang schlicht «Museum» steht. Das Haus beherbergt heute zwei Museen, das Museum für Kulturen und das Naturhistorische Museum. An dieser Stelle befand sich im Mittelalter ein Kloster der Augustiner. Nachdem die Klostergebäude wenige Jahrzehnte nach der Reformation leer geworden waren, unterrichtete man darin die Studenten der Universität und nannte den Ort «Oberes Collegium». Für unseren musikalischen Rundgang von Interesse ist hier vor allem die Gründung des **Collegium Musicum** im Jahre 1692. Die Universität stellte dem Orchester Räumlichkeiten für die Proben zur Verfügung und auch einen Saal für die Konzerte, der etwa 400 Zuhörer fasste. Wie es bei den abends um 17 Uhr beginnenden, jeweils gut besuchten Konzerten zugegangen ist, wurde 1752 vom damaligen Leiter **Emanuel Pfaff** in folgendes Schema gefasst:
«Die Musiker sollen eine halbe Stunde vor Beginn des Concertes sich einfinden, um zu stimmen, ohne den Zuhörern die Ohren zu zerreissen. Der erste Actus beginnt mit einer starken Sinfonie mit Waldhorn. Nach derselben eine Arie von einem Discipul Herr Dorschen oder von ihm selbst abgesungen, und dann könnte von Herrn Kachel ein Solo auf der Violin gespielt werden. Nach diesem Actu finde höchst billig, dass man denen Auditoribus, insonderheit weiblichen Geschlechts, nach einer so grossen Fatigue, der Musik stillschweigend zuzuhören, eine Rastzeit von einer halben Stund lang erlaube, damit sie sich durch das liebe Geschwätz wiederum erholen!»[10]
Dreissig Jahre später wurde eine «Concertdirektion» gebildet, an deren Spitze **Daniel le Grand** und der bedeutende Basler Politiker **Peter Ochs** standen. Das Publikum scheint aber trotzdem keineswegs bes-

sere Manieren entwickelt zu haben, beklagt sich doch die Direktion über lautes Gerede und Umhergehen während der Konzerte. Schliesslich fand man eine Lösung, indem man denjenigen, die nicht wegen der Musik, sondern als Begleiter der Ehefrauen und Schwestern ins Konzert gekommen waren, im Hintergrund des Saales ein paar Spieltische aufstellte, damit sie unterdessen ihre Kartenspiele machen konnten!

Der oben erwähnte Geiger **Jacob Christoph Kachel** war auch Hauskapellmeister im Blauen Haus. Der Seidenbandherr **Lukas Sarasin** hatte zusammen mit seinem Bruder Jacob zwei prachtvolle Barockhäuser errichten lassen, das Blaue und das Weisse Haus genannt. Um zu ihnen zu gelangen, spazieren Sie in der gleichen Richtung weiter zum **Rheinsprung**. Die herrschaftlichen Fassaden der beiden Bauten sind nicht zu übersehen. Im Blauen Haus (Rheinsprung Nr. 16) befindet sich gleich rechts neben dem Eingang ein mit Stuckaturen reich geschmücktes Musikzimmer. Es war ausgestattet mit einer Hausorgel und mit «tous les instruments nécessaires à un grand orchestre». In diesem Raum wurden 267 Sinfonien aufgeführt! Der Hausherr Lukas Sarasin spielte selbst ebenfalls Geige und war auch Mitglied des Collegium Musicum, welches hin und wieder in diesem Saal aufgetreten ist. Die umfangreiche und kostbare Musikalienbibliothek des Hauses wird heute in der Universitätsbibliothek aufbewahrt.

Auch unter dem nächsten Besitzer des Blauen Hauses, dem Schwiegersohn **Peter Vischer-Sarasin**, wurde fleissig musiziert. Berühmtester Interpret bei den vielen kammermusikalischen Aufführungen im Musikzimmer war sicher der **Kaiser Franz von Österreich**! Kaiser Franz spielte natürlich die erste Geige. Folgendes Programm befindet sich unter den Notizen des Herrn Vischer:

«Opern in Quintetten arrangiert: Camilla von Paer – Wasserträger von Cherubini – Prisonnier von Della Maria – Schöpfung von Haydn – Jahreszeiten von dito – Quintette von Mozart – detti von Pleyel – detti von Wranisky.»

Es spielten: «Violino Primo: S. Majestät der Kaiser / Violino Secondo: Oberstallmeister Graf Trautmannsdorf, Staatsrath Stift / Viola Prima: Feldmarschall-Lieutenant Kutschera / Viola Seconda: Baron Wigroni / Basso: Obrist-Kämmerer Graf Wrbna».[11]

Der Kaiser logierte im Blauen Haus während seines Aufenthaltes in Basel beim Durchzug der alliierten Truppen im Jahre 1814. Hier empfing er auch den Zaren **Alexander von Russland** und den König **Friedrich Wilhelm III. von Preussen**. Sie tafelten im zweiten Stock des Hauses zusammen mit weiteren hochgestellten Persönlichkeiten, wie den Fürsten von Metternich, Radziwill, Esterhazy und General Major Prinz von

Sachsen-Coburg. An dieses «Gipfeltreffen» in einem Privathaus in Basel erinnert heute eine Tafel im zweiten Stock. Im Tagebuch von Herrn Vischer liest es sich folgendermassen: «Ein Gastmahl von 30 höchsten Monarchen nebst ihren Fürsten und anderer solcher Personagen, war noch in wenig Hauptstädten zu sehen.»[12]

Die Aussicht vom kleinen Platz vor den beiden Barockhäusern auf den Rhein und das Kleinbasler Ufer haben nicht nur die gekrönten Häupter genossen. Es gibt auch eine Fotografie aus dem Jahre 1903, welche **Gustav** und **Alma Mahler** zeigt, wie sie von dieser Strassenterrasse aus über den Rhein blicken.

Der musikalische Rundgang führt nun weiter den Rheinsprung hinunter, vorbei am alten ehrwürdigen Kollegiengebäude der **Universität**, in dem unter vielen anderen berühmten Professoren (siehe auch die anderen Rundgänge) **Glareanus** unterrichtet hat. Er kam 1514 nach Basel, gleichzeitig wie Erasmus von Rotterdam, den er bald kennen und schätzen lernte. Glarean war kurz zuvor von Kaiser Maximilian mit dem Dichterlorbeer ausgezeichnet worden. Mehrere Werke von Glarean sind in Basel erschienen, so unter anderen kommentierte Textausgaben aus der Antike oder auch «De Geographia», das viele Auflagen erreichte. Daneben hat er sich aber vor allem als Musiktheoretiker ausgezeichnet. Berühmt ist heute noch sein Werk «Dodekachordon». Das ist eine neue Tonartenlehre, in der die bekannten acht Kirchentonarten des Mittelalters auf zwölf erweitert sind, abgeleitet aus der Antike. Trotzdem sagte Glarean von sich: «Alles bei mir ist mittelmässig; die Mittelgötter sind mir hold.»[13] Andererseits berichtet **Beatus Rhenanus** von ihm, dass er einmal sogar mit dem Pferd in die Aula geritten sei, weil man ihm, dem gekrönten Dichter, keinen angemessenen Platz zugedacht hatte – und trotz inständiger Bitten sei er während der ganzen Veranstaltung nicht abgestiegen!

Wir spazieren nun das Archivgässlein, das links abzweigt, hoch und erreichen die **Martinskirche**. In dieser Kirche mit ihrer guten Akustik kann man während der Saison fast täglich schönen Konzerten lauschen, vor allem geistlichen Chorkonzerten. Die vielen Chöre der ganzen Region treten hier regelmässig mit bekannten und unbekannten Chorwerken vor ein interessiertes Publikum. Dem Basler Gesangverein ist die schweizerische Erstaufführung des «Deutschen Requiems» von **Brahms** zu verdanken. Das Konzert fand am 27. Februar 1869 in dieser Kirche statt – nur ein paar Tage nach der Leipziger Uraufführung!

Die zahlreichen Ur- und Erstaufführungen von Komponisten des 20. Jahrhunderts, die hier erklungen sind, lassen sich gar nicht aufzählen.

Gustav und Alma Mahler stehen vor dem Blauen Haus und blicken auf Kleinbasel (1903).

Das ist in erster Linie dem **Basler Kammerorchester** und **Kammerchor** unter **Paul Sacher** zuzuschreiben. Schon beim ersten Konzert des neu gegründeten Orchesters im Jahre 1927 findet man im Programm zwei Erstaufführungen von Bach und Händel und die Uraufführung von **Rudolf Moser**s Suite op. 28 für Violoncello und Kammerorchester. Das zweite Konzert wurde bereits von Radio Basel übertragen. Auch in die Literatur sind die Konzerte von Paul Sacher eingeflossen: Im «Doktor Faustus» schreibt **Thomas Mann** von einem Konzert in Basel, «dessen Dirigent, Herr Paul Sacher, Schwerdtfeger unter sehr angenehmen Bedingungen dazu eingeladen hatte, nicht ohne den Wunsch auszudrücken, der Komponist möge den Aufführungen durch seine Gegenwart ein besonderes Ansehen geben»[14] (siehe auch literarischer Rundgang).

Eine besondere Art Erstaufführung muss an dieser Stelle auch erwähnt werden: In der Martinskirche wurden im Jahre 1526 – drei Jahre vor der Reformation – erstmals in der Schweiz deutsche Psalmen gesungen! Oekolampad war damals Prediger in dieser Kirche und hat in Basel den deutschen Gemeindegesang eingeführt.

Vom Rathaus bis zum Blumenrain

Das Gässchen, welches auf der anderen Seite des Martinkirchplatzes wieder nach unten führt, bringt uns zum **Marktplatz** mit dem **Rathaus**. Im Dienste des Rats von Basel standen die Stadttambouren und Pfeifer. Der Stadttambour hatte die Bekanntmachungen der Obrigkeit auszutrommeln und anzuzeigen. Aber auch private Mitteilungen konnte man durch ihn unters Volk bringen lassen. Bei den Befehlen der Obrigkeit gingen deshalb zur Unterscheidung immer zuerst ein Wirbel und drei Schläge voran. Das Instrument und die Kleidung in Standesfarben wurden vom Rat gestellt. Dazu erhielt der Tambour je nach Länge der Mitteilung 10 bis 12 alte Batzen. Für die privaten Mitteilungen, zum Beispiel Anzeigen über den Verkauf von wohlfeilem Fleisch oder das Vermissen eines Geldbeutels, war das Honorar höher, nämlich 15 Batzen. Tambouren in den Standesfarben kann man besonders am rückwärtigen Gebäude im Innenhof des Rathauses entdecken. Es sind Wandgemälde aus dem Beginn des 20. Jahrhunderts von **Wilhelm Balmer**. Sie stellen den Einzug der Eidgenossen beim Eintritt Basels in den Bund im Jahre 1501 dar (im mittleren Band). Die Malereien an den anderen Wänden stammen meist aus der Zeit um 1600 und sind Beispiele aus der Bibel oder der Geschichte. Sie sollten die Ratsherren und Richter daran erinnern, unbestechlich und weise zu handeln. Ein Beispiel dafür ist das Wandgemälde, welches sich oberhalb der grossen Treppe befindet. Es stellt das Jüngste Gericht dar. Das Richthaus befand sich früher im hinteren Gebäude. Jeder Richter ging an dem Wandgemälde vorbei, bevor er in den Richtsaal gelangte und wurde somit daran erinnert, dass auch er einmal vor einem Gericht stehen würde! Eindrücklich blasen hier die Engel auf ihren Posaunen. Es sind eigentlich Businen, Instrumente, die aus dem Orient übernommen worden sind. Sie tönten wegen der engen Mensur hell und frisch und entsprachen wohl damit der damaligen Vorstellung vom Klang der Posaunen am Jüngsten Tag.

Vom Marktplatz aus sind an der mit vielen Malereien und Figuren verzierten Fassade des Rathauses weitere Einzelheiten zu finden, die mit unserem musikalischen Rundgang zu tun haben. Die Malereien von

1600 stammen von **Hans Bock**, sind aber zu Beginn des 20. Jahrhunderts durchgepaust und neu von **Wilhelm Balmer** gemalt worden, ergänzt mit einigen eigenen Ideen. Die Spinnerin über der Nische der Stadtwache (links neben den Eingangsportalen) erinnert an den Beitritt Basels zur Eidgenossenschaft 1501. Damals setzte man ins Stadttor eine Spinnerin, um vor Augen zu führen, dass nun Ruhe und Frieden in der Stadt herrschen werde. Dem Gesicht der Spinnerin hat Wilhelm Balmer ein Porträt der Frau des Komponisten und Dirigenten **Hans Huber** zu Grunde gelegt!

Auf dem Marktplatz wurde und wird immer wieder Musik gemacht, ist der Platz doch das Zentrum der Stadt. In der Adventszeit singen hier Chöre, an der Fasnacht hört man nicht nur Trommmeln und Pfeifen, sondern am Dienstagabend konzertieren auch die «Guggemuusig» vor einer riesigen Zuhörerschar. Auch bei Umzügen und Festen, Militärparaden und Protestmärschen spielt und singt man auf dem Marktplatz.

Leider wird eine alte Tradition nicht mehr durchgeführt: der **Küferntanz**, den man jeweils veranstaltete, wenn ein gutes Weinjahr seinen Abschluss gefunden hatte. Ein Bericht von 1754 schildert den Tanz folgendermassen: «Weil der letzte Herbst so wohl ausgefallen und der Wein so vortrefflich gut geworden ist, dass man zu Basel beinahe allen Wein von den nächsten markgräfischen Dörfern aufgekauft hat, so haben die in Basel sich aufhaltenden Küferknechte ihre Freude hierüber auf eine feierliche Weise an den Tag legen wollen. Sie hielten nämlich, ihrem Gebrauch nach, am verwichenen Aschermittwoch ihren Umzug, den sie mit einem Reifentanz zierten. Voraus gingen fünf Musiker, nämlich zwei Geiger, ein Klarinettist, ein Fagott- und ein Hoboebläser. Danach kamen zwei Büchsenknechte mit grossen, silbernen Küferschlegeln. Diesen folgte der Reifenschwinger, der ein schön weisses Hemd, scharlachrote Hosen mit gelben Knöpfen, weisse Strümpfe, samtlederne Schuhe und ein rosenfarbiges Käpplein mit kreuzweise daraufgehefteten Kränzchen trug auf dem gekräuselten und gepuderten Haar. In der rechten Hand hielt er einen kleinen Reif, darin er drei Gläser, das mittlere Gesundheitsglas mit rotem, die andern zwei mit weissem Wein angefüllt, gestellt hatte.»[15]

Hierauf folgten 13 weitere Gesellen, alle mit Reifen in der Hand. Mit diesen Reifen tanzten sie zur Musik, wobei der Geselle mit den Gläsern auch darauf zu achten hatte, dass keines seiner Gläser in die Brüche ging. Dem Zug folgte ein Wagen mit drei neuen Weinfässern beladen, auf denen einige Küfer lustig hämmerten, während auf dem mittleren einer als Bacchus verkleidet sass und den neuen Wein versuchte. Dieser Umzug währte eine ganze Woche lang!

Unser nächstes Ziel ist das **Stadthaus**. Um dahin zu gelangen, spaziert man in die **Stadthausgasse** (in der Ecke schräg gegenüber dem Rathaus zu finden). Man erblickt die prachtvolle, sandsteinrote, klassizistische Fassade des Stadthauses mit dem hohen Mansardendach bereits von weitem. Zu Bürozeiten ist die Türe (Nr. 13) des Portals nicht abgeschlossen, und man darf ohne weiteres hineingehen und die Treppe mit dem wunderschön geschmiedeten Geländer benutzen, um in den ersten Stock zu steigen. Im Vestibül angelangt, ist man in eine andere Welt eingetaucht. Das Stadthaus wurde 1771–1775 für das Directorium der Basler Kaufmannschaft vom Architekten **Samuel Werenfels** erbaut. Die Basler Kaufmannschaft war unter anderem auch zuständig für das Postwesen. In diesem Haus ist die berühmte Briefmarke, das «Basler Dybli» im Jahre 1845 herausgegeben worden. An die Post erinnern hier im Vestibül auch die Musikinstrumente: Wandleuchten als Posthörner gestaltet! Zudem kann man zwischen den Supraporten über den Türen bei den geschnitzten und vergoldeten Darstellungen der «sieben freien Künste» die Instrumente, die die Musik verkörpern, finden. In diesem wunderschönen Rahmen hat **Clara Schumann** einmal ein Konzert gegeben! Heute tagt im Stadthaus die Basler Bürgergemeinde, deren Gremien sich in den Sälen hinter den Türen des Vestibüls versammeln.

Beim Hinausgehen wendet man sich nach links, folgt der Stadthausgasse und gelangt nach wenigen Metern zum **Fischmarktbrunnen**. Der herrlich geschmückte, gotische Brunnenstock wurde um 1400 gestaltet (das Original befindet sich im Historischen Museum). Hier entdeckt man überall musizierende Engel, dazwischen findet man einen Engel mit dem Wappenschild der Stadt Basel, einem schwarzen Bischofsstab auf weissem Feld. Betrachten Sie in Ruhe die einzelnen Figuren, auch wenn der Verkehr ringsum brandet und die zauberhafte Welt empfindlich stört: Unter den Kleidchen der Engel gucken ihre kleinen Zehen hervor, ihr Lächeln ist immer wieder anders, spitzbübisch oder breit, und auch ihre Instrumente sind ganz unterschiedlich. In der Mitte des Pfeilers ist Maria mit dem Kind zu sehen, daneben stehen Petrus und Johannes und weiter oben auf den Konsolen die Heiligen Barbara, Katharina und Agnes. Dazwischen entdeckt man weitere musizierende Engel, und auf der Spitze des Brunnenstockes schwebt ein Engel mit einem Palmzweig in der Hand.

Der bedeutende Basler Theologe und Mozart-Verehrer **Karl Barth** soll einmal so hübsch gesagt haben: «Die Engel musizieren vor Gott wohl Werke von Bach, aber unter sich spielen sie bestimmt Mozart ...»[16]

Musizierender Engel auf dem Brunnstock des Fischmarktbrunnens
(Original im Historischen Museum, Ende 14. Jahrhundert).

Der Rundgang führt weiter durch die Spiegelgasse an den neueren Bauten vorbei zum **Blumenrain**. Dort angelangt, wendet man sich nach links und spaziert aufwärts bis zu einem parkähnlichen kleinen Platz. Einerseits erblickt man von hier aus den Chor der Predigerkirche, andererseits, schräg gegenüber, ein mächtiges, fast burgähnliches Eckhaus, den **Seidenhof** (Blumenrain Nr. 34). 1933 gründete **Paul Sacher** zusammen mit anderen Musikern die **Schola Cantorum Basiliensis**, um die alte Musik zu pflegen und zu erforschen. Es war eine aussergewöhnliche Idee, die da Gestalt angenommen hatte, denn in jenen Jahren beschäftigte man sich normalerweise mit der Musik der Klassik und Romantik. Das Domizil der Schola befand sich damals hier im Seidenhof. Der Unterricht erstreckte sich auf Gesang, Blockflöte, Violine in alter Mensur, Viola d'amore, Viola da Gamba, Laute, Orgel, Cembalo und Clavichord. Kurse über Stilkunde vermittelten die notwendigen theoretischen und historischen Grundlagen. Heute ist die Schola Cantorum Basiliensis in der ganzen Welt bekannt und befindet sich nun in den Gebäuden der Musik-Akademie Basel.

Vom Totentanz zum Petersplatz

Der kleine schattenspendende Platz zwischen dem Seidenhof und der Predigerkirche heisst **Totentanz**. Hier befand sich einst der Kirchhof eines bedeutenden Dominikanerklosters. An dessen Mauer war ein eindrücklicher Totentanz aufgemalt, der bald zu den besonderen Sehenswürdigkeiten Basels zählte (siehe auch Rundgang malerisches Basel). Der Schweizer Komponist **Conrad Beck** hat ein Chorwerk geschrieben mit dem Titel «Der Tod zu Basel», ein grosses Miserere. Auch **Arthur Honegger**s Werk «La Danse des Morts» nach dem Text von **Paul Claudel** ist unter dem Eindruck des Totentanzes, den der Textdichter bei seinem Besuch in Basel mitgenommen hat, entstanden (uraufgeführt im Musiksaal im Jahre 1940).

Zwei Häuser am Totentanz verdienen noch erwähnt zu werden bei unserem musikalischen Rundgang: Am Totentanz Nr. 9 ist **Othmar Schoeck** ein und aus gegangen, denn hier wohnte seine Grossmutter, die er oft besuchte. Schoeck war in Basel auch heimatberechtigt. Beim Haus Nr. 2 soll die Erinnerung an das Basler Stadtlied, welches ein berühmter Bewohner dieses Hauses, **Johann Peter Hebel**, geschrieben hat, erwähnt sein: «Z'Basel an mim Rhy». Jedes Kind in Basel kennt dieses Lied und weiss, dass der Text von Hebel verfasst worden ist. Weniger bekannt ist, dass die Melodie von **Franz Abt** aus Sachsen stammt, der lange Jahre Dirigent von Männerchören in Zürich war!

Wenn die **Predigerkirche** geöffnet ist (14 – 16 Uhr), besteht die Möglichkeit, einen Blick auf die Orgeln zu werfen: Die grosse Orgel auf der Westseite ist – in Kopie – eine Silbermann-Orgel. Besonders ergötzlich ist die kleine Schwalbennestorgel auf dem Lettner an der Südseite, alleine schon wegen der Leiter, auf der der Organist zum Spieltisch hinauf klettern muss.

Nun beenden wir den Rundgang mit einer letzten Steigung, an der Chorseite der Kirche vorbei den **Petersgraben** hinauf spazierend. Bei der nächsten Querstrasse steht das Eckgebäude Petersgraben Nr. 18. Dieses Haus wurde Ende des 16. Jahrhunderts vom berühmten Stadtarzt **Felix Platter** bewohnt. Er war ein leidenschaftlicher Musikfreund, wie er selbst in seiner Lebensbeschreibung erzählt. Als junger Arzt verwendete er beinahe seine ganzen ersten Jahreseinnahmen, um sich 5 Lauten anzuschaffen! So erstaunt es nicht, dass in seinem Nachlass schliesslich «4 Spinet, 4 Clavichordii, 1 Clavicymbalum, 1 Regal, 7 Violen da Gambe, 6 Lauten, darunter 1 Theorbe, 10 Flauten, 2 Mandolinen, 1 Zitter» und noch weitere Instrumente verzeichnet sind. Eine eindrückliche Liste für einen Arzt! Das Singen habe er aber gemieden, wird berichtet, weil es ihm nicht wohlanständig schien, vor anderen Leuten den Mund aufzusperren …

Nun gelangt man zum stimmungsvollen **Petersplatz**. Gleich die ersten Häuser rechter Hand erzählen uns eine nette Geschichte. Sie ist verbunden mit dem Haus Petersplatz Nr. 16 und befasst sich nochmals mit dem Instrument, das den Basler besonders auszeichnet: der Trommel. Die Jahreszahl 1534 über dem Türsturz weist auf die Erbauungszeit des Hauses mit dem schönen Namen «Die Rose im Winkel» hin. Unsere musikalische Geschichte spielt aber einige Zeit später, nämlich im 19. Jahrhundert, als das Haus vermietet war an Johann Jacob Pfannenschmid, von Beruf Vergolder. Dieser hat mit Vergnügen eine spezielle Episode von seinen Wanderjahren erzählt: Er war damals als Hoflackierer in München tätig und hatte die Sterne eines Deckengewölbes der Schlosskapelle von Nymphenburg neu zu vergolden. Dabei soll der bayrische **König Max Joseph** erfahren haben, dass der Vergolder aus Basel stamme. Nun wollte der leutselige König wissen, ob Pfannenschmid denn auch trommeln könne. Pfannenschmid bestätigte es, worauf der König den Wunsch äusserte, einen Trommelmarsch vorgeführt zu bekommen. Der Basler liess sich nicht lange bitten und trommelte meisterhaft. «Ja, ja, er kann's», soll darauf der König gesagt haben und noch hinzugefügt haben: «Ich habe mir sagen lassen, es können's alle Basler; sie können's, glaub ich, schon im Mutterleib.»[17]

Auf den Spuren von Malern durch Basel

Besonderes:
Kunstmuseum
Gegenwartsmuseum
Tinguely-Museum
Kunsthalle (im Restaurant Böcklin-Figuren)
Historisches Museum Barfüsserplatz (Totentanz)
Museum für Kulturen (Wandgemälde von Böcklin)
Kunstausstellungsraum Kaserne
Galerien
Fondation Beyeler in Riehen

Von der Mittleren Brücke bis zum Klingental

Der Rundgang beginnt auf der rechten Rheinseite im **Kleinbasel** bei der **Mittleren Brücke.**
Da sitzt eine müde «Helvetia auf Reisen». Neben ihr stehen Lanze, Schild und Koffer. Sehnsüchtig blickt sie rheinabwärts. 1978 hat **Bettina Eichin** diese herrliche, humorvolle Skulptur geschaffen, die am Anfang unseres Rundgangs steht. Wir bleiben im Kleinbasel und biegen die erste Querstrasse nach links ein und spazieren entlang der **Unteren Rheingasse.** An dieser Strasse hat wahrscheinlich einer der ganz grossen Komponisten des 16. Jahrhunderts das Licht der Welt erblickt: **Ludwig Senfl** (um 1490). Allerdings streitet man sich mit Zürich um diese Ehre! Anwohner der Unteren Rheingasse mit dem Namen Senfl sind aus jener Zeit nachgewiesen worden und in der Universitätsbibliothek Basel besitzt man einige wertvolle Handschriften von Ludwig Senfl, unter anderem sein bekanntes Chorwerk «Das Geläut zu Speyer».
An der Ecke zum **Sägergässlein** machen wir einen ersten Halt: Hier stand früher ein Gebäudekomplex mit einer Säge (siehe Seite 33) , die lange Zeit im Besitz der Familie Merian war. 1593 ist darin der wohl berühmteste Kleinbasler auf die Welt gekommen: der Kupferstecher **Matthäus Merian**. Er hat nicht nur seine ganze Jugendzeit im Kleinbasel zugebracht, er wohnte auch die ersten Jahre seiner Ehe an diesem Ort, bevor er den Verlag seines Schwiegervaters in Frankfurt übernehmen musste. In seinen Kupferstichen, vor allem in der berühmten Merian-Bibel, finden sich immer wieder Landschaften und Ansichten

von Basel: Das Körbchen mit Moses wird zum Beispiel ausgesetzt am Teicharm vom St. Alban-Tal …

Auf der linken Strassenseite führt unser Weg nun zum Areal des **Klingentalklosters**, deutlich erkennbar durch den Torbogen mit dem Relief einer Glocke darauf. Das Kloster trägt den Namen seines Stifters, des Ritters und Minnesängers **Walther von Klingen** (siehe auch literarischer Rundgang). Er hat dem 1274 gegründeten Kloster grosse Besitzungen vermacht. Das Damenstift beherbergte vor allem Töchter aus dem Hochadel. Die grosse Zeit des Klosters war das 14. Jahrhundert, als sich hier eine Art Mittelpunkt frommer Mystikerinnen gebildet hatte. Zu den Hauptaufgaben der frommen Damen zählte die musikalische Ausgestaltung der Seelenmessen. Rechts oben an der Hausmauer vor dem Torbogen erinnert ein Gemälde daran, dass einst im Kreuzgang dieses Klosters auch ein Totentanz gemalt war. Leider wurde im 19. Jahrhundert der Kreuzgang des schon lange nicht mehr als Kloster dienenden Gebäudes abgerissen, und an seine Stelle baute man eine Kaserne.

Wir spazieren nun hinein ins ehemalige Klosterareal und treffen zuerst auf das «Bychtigerhus» mit seiner wunderschönen Rosettentüre (Nr. 13). Die Damen des Klosterstiftes hatten hier ihre Beichten bei einem Dominikanermönch abzulegen. Es wird von einigen ungewöhnlichen Vorkommnissen im Kloster berichtet, sodass die Damen wohl recht oft hier zur Beichte erscheinen mussten: Die Damen pflegten zum Beispiel nicht nur die Musik oder beschäftigten sich in der Schreibstube mit schönen Schriften, sie scheinen sich recht viele Freiheiten herausgenommen und unter anderem an warmen Tagen auch in aller Öffentlichkeit im Rhein gebadet zu haben! Ein jahrelanger Streit mit der Geistlichkeit folgte. Es wurden Reformschwestern nach Basel beordert, um die als «unverbesserliche, schamlose Weiber» bezeichneten Nonnen vom Klingental zur Vernunft zu bringen. Man machte kurzen Prozess und liess die Fehlbaren einsperren! Der Zwist wurde aber schliesslich von den Damen des Klingentalklosters für sich entschieden – nicht zuletzt mit Hilfe einer päpstlichen Bulle, die ihre alten Rechte wieder einsetzte und ihr Kloster direkt dem Bischof von Konstanz unterstellte! Dieser war für die rechte Rheinseite zuständig, denn das Bistum Basel begann erst links des Rheins. Anzufügen wäre noch, dass man sich erzählt, dass in unserem Jahrhundert die Soldaten in der Kaserne hin und wieder um Mitternacht Klosterfrauen gesehen haben wollen, die inbrünstig beteten, weil sie im Jenseits keine Ruhe finden konnten …

Uns interessiert für unseren malerischen Rundgang vor allem, dass hier im «Bychtigerhus» in unserem Jahrhundert die Märchenschriftstellerin

Lisa Wenger wohnte. Die Enkelin Lisa Wengers, die immer wieder bei ihrer Grossmutter zu Besuch weilte, war die berühmte Surrealistin **Meret Oppenheim** (1913–1985). Ihr berühmtestes Werk, das sozusagen in aller Munde war, die «Pelztasse», ist heute im Museum of Modern Art in New York zu sehen. Meret Oppenheim ist in Steinen im Wiesental aufgewachsen. Eine andere Tochter von Lisa Wenger, Ruth, heiratete im Jahre 1924 **Hermann Hesse**! Ein geregeltes Eheleben kann man allerdings nicht aufführen, denn während Ruth ihr Gesangsstudium in Basel absolvierte, lebte Hesse meist im Tessin oder in Zürich. An der Lothringerstrasse Nr. 7 (St. Johannquartier im Grossbasel) hat Hesse im ersten Winter nach der Heirat einige Zeit gewohnt: «… in einer sehr lieben Mansardenwohnung von 2 Stuben habe ich die erste Hälfte meines Steppenwolfes geschrieben.»[18] Seine Frau wohnte nicht mit ihm zusammen, sondern im Hotel Krafft im Kleinbasel, sodass Hesse in einem Brief schreibt: «Und am Abend erscheine ich dann im Appartement der Frau Hesse, finde irgend etwas zum Abendessen be-

Webergasse   untere Rheingasse   Merian'sche Säge   Sägergässlein

Die Merian'sche Säge im Kleinbasel (1907 abgebrochen). Hier wurde der berühmte Kupferstecher Matthäus Merian 1593 geboren.

reit, und dann bringen wir den Abend miteinander zu, in Gesellschaft der Katze, des Hundes und des Papageis Koko, der mein Freund ist und der mich sehr ans Haus fesselt. Dann gehe ich im Nachtnebel wieder dem Rhein entlang in mein Quartier.»[19] Nach drei Jahren wurde die Ehe geschieden.

Wir gelangen nun zu einem stimmungsvollen Platz mit alten Mühlbauten (Nr. 7/5), die einst an einem Teicharm angelegt worden waren und auch zum Kloster gehörten, und beim Weiterspazieren treffen wir schliesslich auf die ehemalige Klosterkirche. Sie beherbergt heute auf mehreren Stockwerken zahlreiche Künstlerateliers und einen grossen Raum für Kunstausstellungen. Biegen Sie nun vor der Kirche nach links in ein kleines Weglein ein, das zum Rheinufer führt. Dabei spazieren Sie entlang eines Gebäudeteils, der vom **Klingentalkloster** noch erhalten ist und heute ein Museum beherbergt. Der Bau stammt noch aus der Gründungszeit und ist alleine schon wegen seines stimmungsvollen Refektoriums und dem alten Dachstock (von 1274!) einen Besuch wert (Eintritt frei). Ausgestellt findet man herrliche Originalfiguren vom Basler Münster, ein entzückendes Stadtmodell, welches das Stadtbild des 17. Jahrhunderts vermittelt, und erst noch ein Modell des Klingentalklosters mit den angrenzenden Quartieren.

Die Hauptgebäude des Klingentalklosters mussten leider 1860 dem Bau der Kaserne weichen, die man nicht übersehen kann, während man weiter rheinabwärts spaziert. Unser Ziel ist die Fähre, die uns mit einer kleinen, erholsamen und romantischen Fahrt geruhsam auf die andere Rheinseite bringt.

Vom Totentanz zum Fischmarkt

Wir befinden uns nun im Grossbasel und spazieren die kurze steile Strasse hoch und gelangen zum **Totentanz** mit der Predigerkirche. Der kleine, baumbestandene Platz erinnert mit seinem Namen an eine Sehenswürdigkeit, die jahrhundertelang von jedem Besucher in Basel aufgesucht worden ist: an den Totentanz, der an die Kirchhofmauer dieses Dominikanerklosters gemalt war. Er zeigte lebensgrosse Paare – immer eine Person tanzend mit dem Tod – und führte eindrücklich vor Augen, dass jedermann sterben muss, ob arm oder reich. Der ganze Zyklus begann mit den Predigern, die zur Busse mahnten, und setzte sich fort mit dem Totenreigen: Der Tod tanzte mit dem Papst, mit dem Kaiser, der Kaiserin, dem König, dem Kardinal und so fort durch alle Stände und Schichten hindurch, bis hin zum Bauern und Bettelmann. Entstanden ist dieser eindrückliche Totentanz während des Basler Konzils, etwa um

1440. Kurz zuvor ergriff eine Pestepidemie die Stadt und führte allen Leuten vor Augen, dass nicht nur der einfache Mann, sondern auch hohe geistliche Würdenträger plötzlich vom Tod geholt werden. Unter diesem Eindruck ist wohl der Totentanz entstanden. Den Auftrag der Dominikaner hat vermutlich **Konrad Witz** erhalten und ausgeführt. Im Laufe der Zeit, immer wenn die Bilder verblasst waren, hat man wieder einem Maler den Auftrag gegeben, den Totentanz zu restaurieren, was früher geheissen hat, möglichst genau zu übermalen. **Hans Hug Kluber** (1535–1578) hiess der Künstler, der ihn zum ersten Mal restauriert hat. Immer floss bei den Übermalungen auch der Zeitgeist mit ein, sodass die Personen und Gesichter sich mehr und mehr änderten. Maler Hans Hug Kluber setzte gar am Schluss des Reigens noch sich selbst und seine Gemahlin in die Reihe! «Hans Hug Klauber, lass Malen stohn», ruft ihm der Tod zu und nimmt ihm den Pinsel aus der Hand. Man kann die Veränderungen bei den späteren Übermalungen sehr schön an den Resten sehen, die heute im Historischen Museum zu bewundern sind. Bei einigen Fragmenten wurde die Originalmalerei wieder freigelegt. Sie sind heute im Museum zu finden, weil 1805 die Kirchhofmauer leider abgerissen wurde. Die Stücke, welche einige Kunstsachverständige gerettet haben – immerhin 19 von 37 Darstellungen – sind als Kostbarkeiten des Historischen Museums in der Barfüsserkirche ausgestellt. In der Mitte des heutigen Totentanz-Platzes findet sich nun eine moderne Skulptur von **Otto Bänninger**, ein Januskopf. Er schaut gleichzeitig in die Vergangenheit und in die Zukunft, so wie man es beim Betrachten eines Totentanzes ebenfalls macht.

Die **Predigerkirche**, die ehemalige Klosterkirche der Dominikaner aus dem 13. und 14. Jahrhundert, gehört heute der christkatholischen Kirchgemeinde. Im Innern kann man nicht nur ein kleines Modell der Kirchhofmauer mit dem Totentanz betrachten, sondern auch einige sehr schön erhaltene Wandmalereien bewundern. Man findet vor allem an der Nordseite in den Fensterleibungen einzelne eindrückliche Heiligengestalten aus dem 14. Jahrhundert.

Stadtauswärts, in der **St. Johanns-Vorstadt**, einem beliebten und begehrten Wohnviertel des 16. bis 18. Jahrhunderts, wohnten gleich zwei bedeutende Maler, deren Wohnhäuser leider nicht mehr zu sehen sind, weshalb sie hier nur erwähnt, jedoch nicht aufgesucht werden sollen: An der St. Johanns-Vorstadt Nr. 22 stand das Haus von **Hans Holbein d. J.** Er kam 1515 zusammen mit seinem Bruder Ambrosius nach Basel. In der Buchdruckerstadt zählte er bald zu den bedeutendsten und begehrtesten Buchillustratoren. Holbein hat in seiner Basler Zeit mehr als 1200 Holzschnittvorlagen geschaffen. Auch sonst erhielt er eine Fülle von Bestellungen, darunter den ehrenvollen Auftrag, Erasmus von Rotterdam zu porträtieren. Erst 1528 wurde er Hausbesitzer, das heisst nach seinem ersten Aufenthalt in England. Seine Familie war während seiner Abwesenheit in Basel geblieben. Nach seiner Rückkehr erwarb Holbein zwei nebeneinander liegende Häuser an der St. Johanns-Vorstadt. Das ergreifende Bildnis seiner Frau mit den beiden Kindern hat er an diesem Ort gemalt, bevor er 1532 wieder nach England reiste. Nur noch einmal, für einige wenige Wochen, wohnte Holbein wieder bei seiner Familie, nämlich im Herbst 1538. Weder die grossen Ehrungen noch das Angebot des Rates von Basel, ihm eine feste Jahresbesoldung auszuzahlen, konnten Holbein dazu bewegen, in Basel zu bleiben. Er kehrte zurück an den englischen Königshof und starb fünf Jahre später in London an der Pest. Seine Frau wohnte weiterhin in der St. Johanns-Vorstadt bis sie 1549 starb. Leider wurden beide Holbein-Häuser im 19. Jahrhundert abgerissen, um dem heutigen, einheitlichen Bau Platz zu machen, sodass nur noch eine Erinnerungstafel vom Aufenthalt des berühmten Malers Zeugnis ablegt.

Bei der Niederlassung der Antoniter von Isenheim in der St. Johanns-Vorstadt Nr. 31/33 hat ein anderer berühmter Maler einige Zeit gewohnt: **Matthias Grünewald** (1470–1528) im Jahre 1506. Das Kloster wurde später durch einen privaten Barockbau ersetzt. Bei Grünewalds Aufenthalt in Basel entstand wohl seine ergreifende «Basler Kreuzigung», die heute im Kunstmuseum hängt und sofort an den berühmten Isenheimer Altar in Colmar denken lässt.

Wir wenden uns nun dem Stadtzentrum zu, das heisst, wir folgen dem Tramgeleise den **Blumenrain** abwärts. Das mächtige, fast burgähnliche Haus, der **Seidenhof** (Nr. 34), kann für unseren Rundgang gleich mit mehreren Attraktionen aufwarten. Die Gegenwart verbindet uns mit der Künstlerin **Bettina Eichin**, deren Atelier in diesem Haus zu finden ist, und deren köstliche «Helvetia» wir zu Beginn unseres Rundgangs betrachtet haben. Mit einem Blick in den Innenhof (durch das Fenster links neben der Treppe zum Eingang) entdeckt man eine Statue, die niemand Geringeren als **Rudolf von Habsburg** darstellt. Es ist der einzige deutsche Herrscher, der ein Monument in Basel erhalten hat, und man hat die Statue lange für ein authentisches Bild Rudolfs gehalten. Deshalb bemühte sich der kaiserliche Hof im 16. Jahrhundert längere Zeit darum, die Statue als Geschenk zu erhalten. Die Basler zogen sich geschickt aus der Sache: Sie liessen 1580 von der Statue ein Ölgemälde anfertigen vom damals bekanntesten Maler in Basel, **Hans Bock**. Dieses Bild des Rudolf von Habsburg gelangte in die berühmte Ambraser Sammlung in Wien – und das Original, die Statue, behielten die Basler.

Beim Haus Nr. 28 «Des süssen Hus» treffen wir gleich auf das Wohnhaus dieses Malers. Hans Bock (1550–1624) war aber nicht nur ein gesuchter Porträtist. 1608 erteilte ihm der Rat auch den Auftrag zur Bemalung des Rathauses: der Fassade, des Hofs und der Halle. Auch an der Westfassade des Münsters war Hans Bock tätig. Während die Wandgemälde am Rathaus noch besichtigt werden können, sind die Malereien am Münster nicht mehr erhalten. Hans Bock war ein Schüler von **Hans Hug Kluber**, der ebenfalls dieses «Süsse Hus» bewohnt hat. Hans Hug Kluber haben wir schon im Zusammenhang mit der Restauration des Totentanzes getroffen.

Nach dem wunderschönen Brunnen mit der Statue des heiligen Urban, dem Schutzpatron der Weinberge, überqueren wir die Strasse und spazieren der Spiegelgasse entlang bis zum nächsten Platz, dem **Fischmarkt** mit seinem einzigartig schönen gotischen Brunnen (siehe auch musikalischer Rundgang). Hinter dem Brunnen und den Tramgeleisen, im gelb gestrichenen Haus «zum hintern Tanz» war der junge **Albrecht Dürer** ein Jahr lang bei Silberschmied **Georg Schongauer** als Geselle tätig (1492).[20] Bei seinem Aufenthalt in Basel hat er bei der Herausgabe des «Narrenschiffs» von **Sebastian Brant** mitgearbeitet. Druckstöcke sind noch erhalten und auch ein Holzschnitt, den «Heiligen Hieronymus» darstellend, ist hier entstanden. Den Hausnamen «zum hintern Tanz» führt dieses Gebäude, weil **Holbein** einst die Fassade (auf der anderen Seite, zur Eisengasse hin) mit einem Bauerntanz bemalt hatte. Der heutige Bau stammt vom Anfang dieses Jahrhunderts, als eine Buchdruckerei darin untergebracht wurde. Deshalb kann man – mit einigem Suchen – an der Ecke des Hauses den Buchdruckergruss «Gott grüss die Kunst» entdecken, eingeflochten in kleine Figürchen.

Von der Stadthausgasse zum Nadelberg

Unser malerischer Rundgang führt nun in der gleichen Richtung weiter durch die **Stadthausgasse**. Im Haus Nr. 10 wohnte von 1815 bis 1834 der Gürtler, Mechanikus und Graveur **Johann Rudolf Brenner**. Er war der Mann, der den Handel mit Figuren aus **Zizenhausen** (im badischen Amt Stockach) in Basel in Schwung gebracht hat. Sie gelten aber eher als baslerisches Erzeugnis, hat doch Herr Brenner diese aus Ton modellierten, handbemalten Terrakotten mit Geschick und Sinn fürs Geschäft zu grossem Absatz geführt. Es wurden Anekdoten und Begebenheiten sowie Originale aus dem Basler Stadtleben dargestellt. Viele Vorlagen für die Figuren stammen von **Hieronymus Hess**, der mit bemerkenswertem Blick für die verschiedenen Vorkommnisse diese durch Haltung, Gestik und Attribute in humorvoller Weise in Aquarellen festgehalten hat. Man kann heute eine herrliche Sammlung dieser Zizenhausenfiguren im Kirschgartenmuseum besichtigen. Auch berühmte Politiker wurden dargestellt, aktuelle Figuren wie zum Beispiel Napoleon oder Friedrich von Preussen. Eines Tages entdeckte der Basler Hafnermeister Oberlin im Schaufenster sein Bildnis als Zizenhausenfigur. Beleidigt verlangte er die Entfernung seines Abbildes aus dem Handel. Aber Herr Brenner meinte: «Da seht Ihr unter andern den Kaiser Napoleon, König Fritz den Grossen und andere berühmte Häuser, in deren Gesellschaft sich ein Töpfermeister von Basel nicht im geringsten zu schämen hat.» Oberlin war aber ganz anderer Ansicht und entgegnete erzürnt: «Es bonapartlet si nit und fritzlet si nit. I bi ne ehrliche alte Burger vo Basel und will nit abgmolt si, sunscht schlag ich Ihne die ganzi Butig entzwei.»[21]

Wenige Meter weiter steht das reizende, gotische Haus Nr. 18 «zur goldenen Rose». Hier dürfen wir keinesfalls vorbeigehen, war es doch im 15. und 16. Jahrhundert jahrzehntelang ein Haus der Maler. Es gehörte von 1451 an nacheinander den Malern Vater und Sohn **Hans Gilgenberg**, die selbst den Basler Bischof zu ihrem Kundenkreis zählen konnten, dem Maler **Bartholomäus Ruttenzwyg**, dann dem Maler **Benedikt Knup**, der es schliesslich dem sehr bedeutenden Maler, Kupferstecher, Goldschmied und Landsknecht **Urs Graf** verkaufte (1520). Es verwundert nicht, dass aus diesen Zeiten reichlich Dekorationsmalereien im Innern zum Vorschein gekommen sind, darunter ein prachtvolles Fresko aus dem 15. Jahrhundert mit mehreren lebensgrossen Frauen und Männern in einem Garten. Im Blätter- und Rankenwerk kann man zudem 18 verschiedene Vogelarten zählen!

Als der 35-jährige Urs Graf (1485–1529) hier Hausbesitzer wurde, hatte er schon eine bewegte Vergangenheit hinter sich. Er war nicht nur zu einem bedeutenden Künstler herangereift, sondern hatte sich auch immer wieder in Raufhändel eingelassen. Das war in jenen Jahren der Landsknechtzeit nichts Aussergewöhnliches. Urs Graf scheint aber ein besonders schlagkräftiger Raufbruder gewesen zu sein, dazu auch ein festfreudiger Kumpan, dem der Dolch locker im Gürtel steckte. Nach den Worten seines Biografen Emil Major griff Urs Graf «ebenso leicht zum Grabstichel, zur Feder oder zum Pinsel wie zum Zweihänder des Reisläufers oder zum gewöhnlichen Degen». Im Basler Kupferstichkabinett können viele seiner Werke bewundert werden. Von der Vielseitigkeit des Künstlers zeugt auch die prachtvolle Scheibenfolge mit Passionsszenen im Zschekkenbürlinzimmer des Kartäuserklosters (heute Waisenhaus) im Kleinbasel.

Spazieren Sie nun geradeaus weiter durch die **Schneidergasse**. Die Fassade des Restaurants «Gifthüttli» auf der linken Seite sticht mit seinen Malereien bald ins Auge. Die Fresken sind erst vor einigen Jahren wieder zum Vorschein gekommen, nachdem sie jahrzehntelang überstrichen waren. Sie stammen von **Otto Plattner** (1913), von dem es in Basel mehrere Fassadenmalereien zu entdecken gibt. Er nahm hier thematisch auf das Gewerbe des Hauses Bezug: kraftstrotzende Landsknechtgestalten mit schäumendem Bier oder mit Jagdtrophäen blicken auf die Passanten herab. Zum besonderen Schmuck des Restaurants zählt der wunderschöne «Lällekönig» mit wallendem Haar, 1914 von **Emil Schnetzler** geschaffen, den man auf der Seite der **Sattelgasse** ganz hoch oben an der Dachtraufe entdecken kann. Wem er wohl seine Zunge herausstreckt?

Nun begeben wir uns ins schmalste Gässchen von Basel. Wir steigen das romantische **Imbergässchen** hoch, das auf der anderen Strassenseite neben dem Restaurant «Hasenburg» in die Schneidergasse mündet. Der Name erinnert an die Gewürzhändler, die im Mittelalter hier gewohnt und unter anderem mit Ingwer gehandelt haben. Oben angekommen, gelangen wir zum **Nadelberg**. Der stimmungsvolle Blick zurück die Treppen hinunter und hinüber zum Rathausturm lohnt die Mühen des Aufstiegs. Auch in dieser Strasse finden sich Spuren einiger bedeutender Maler und Künstler. Am Eckpfeiler bei der Einmündung des Imbergässleins kann man die Jahreszahl 1552 entdecken. Im dazugehörigen Haus ist der Basler Maler **Ernst Stückelberg** 1831 zur Welt gekommen. Ein anderer bekannter Maler wohnte im Haus nebenan «zur alten Treu» (Nr. 17): Maler und Ratsherr **Niclaus Bernoulli**, Bruder der berühmten Mathematiker Johannes I. und Jakob Bernoulli. Das Haus «zur alten Treu» hat aber noch weitere sehr bedeutende Leute gesehen: **Erasmus von Rotterdam** lebte und wirkte hier von 1521 bis 1529. Es ist anzunehmen, dass **Holbein** ihn in diesem Haus gemalt hat. Um seine Bildnisse vom «schreibenden Erasmus» zu skizzieren, hat er wohl den berühmten Gelehrten an seinem Wohnsitz aufgesucht. Eines dieser Gemälde hängt im Basler Kunstmuseum und zeigt Erasmus in einem mit grossem Pelzkragen besetzten Mantel und feinem Lächeln um den Mund. Holbein arbeitete damals in der Werkstatt des Malers **Hans Herbster**. Sie befand sich ganz in der Nähe am Spalenberg (heute Hotel Basel), sodass man annehmen kann, dass Holbein auch den Nadelberg entlang gegangen ist, um Erasmus aufzusuchen.

Wir nehmen denselben Weg, spazieren zurück zum Imbergässchen, bleiben dann aber im Nadelberg und folgen der stimmungsvollen Häuserzeile. Der Strassenzug lässt durch seine Geschlossenheit die Zeit des Mittelalters wieder aufleben. Es fehlen nur ein paar Hühner, die über den Weg spazieren! Einzig eine moderne weisse Mauer auf der rechten Seite erinnert an die Gegenwart. Wir betreten das dahinter liegende Areal durch den Durchgang in der Mauer und gelangen zu einem imposanten Adelshof. Der prachtvolle Sitz, der Rosshof, lässt auch heute noch einstige Wohlhabenheit erahnen. An der Stelle des Innenhofes standen früher Stallungen für die Pferde. Einst sind sie einem Feuer zum Opfer gefallen und das Areal wurde danach lange Zeit als willkommener Parkplatz genutzt. Wie Sie sehen, ist der Hof nun mit modernen Bauten eingefasst, und so treten hier Gegenwart und Vergangenheit in einen äusserst interessanten Dialog. In der Pflästerung findet man grosse, gebogene, weisse Streifen. Bei genauem Hinschauen erkennt man darauf Inschriften, und zwar alles Pferdenamen. Dieses moderne Kunstwerk stammt von **Hannes Vogel**, der damit an den ehemaligen Zweck dieses Areals erinnern will. Die Pferdenamen stammen aus der Literatur. Ganz hinten rechts an der Quermauer kann man jeden Namen und den entsprechenden Literaturhinweis finden, so unter anderen das Pferd des Don Quichote oder dasjenige von Winnetou.

Nicht mit Pferden, sondern mit Schildkröten und einem Schafsbock verbunden ist eine Geschichte des Hauses «zur Rosenburg» am Nadelberg Nr. 33, das wir beim Weitergehen erblicken. Die köstliche Begebenheit führt zu einem Maler, sodass sie hier nicht fehlen soll: Die ganze Stadt freute sich 1840 über einen Prozess, den der Besitzer dieses Hauses, der Lithograf Niklaus Hosch, gegen den Maler **Hieronymus Hess** angestrengt hatte. Herr Hosch hatte sich eine Landschildkröte gekauft, in jener Zeit etwas ganz Besonderes und wenig Bekanntes. Herr Hosch war aber nicht der einzige Schildkrötenbesitzer. Auch zwei Buchdrucker hatten sich ein Exemplar erstanden und machten sich nun einen Spass daraus, Niklaus Hosch weiszumachen, dass ihre Schildkröte ein Liedchen pfeifen könne. Um es ihm zu beweisen, stellten sie die Schildkröte auf eine Kiste in einer etwas finstern Ecke. Unter der Kiste sass aber jemand mit einem Vogelörgelein und liess es ertönen, sodass man glauben musste, die Schildkröte pfeife tatsächlich ein Liedchen. Nun versuchte Herr Hosch, auch seiner Schildkröte eine Melodie beizubringen, leider vergeblich, obwohl er ihr täglich unermüdlich vorpfiff! Der Maler Hieronymus Hess griff die heitere Begebenheit auf und zeichnete eine Karikatur davon, die im «Solothurner Postheiri» veröffentlicht wurde. Niklaus Hosch wurde in dieser Karikatur als Schafsbock dargestellt. Tief beleidigt klagte Hosch nun den Maler an. Dieser bemerkte vor Gericht, dass ja niemand beweisen könne,

Der wunderschöne Engel Gabriel in der Peterskirche (Ausschnitt aus der Verkündigungsszene in der Grabnische Sinz-Münch um 1400).

wer mit dem Schafsbock gemeint sei, auch wenn die dazu geschriebenen Verse mit dem fingierten Namen Hoscheho eine gewisse Ähnlichkeit nicht ausschliessen würden. Der Kläger aber rief: «Doch, ich bin der Schafsbock!» Worauf das Gericht Maler Hess zu einer Busse von 25 Franken verurteilte ...[22]

Unser nächster Halt gilt der Nr. 30 «zur Liebburg». Der berühmteste Besitzer dieses Hauses war der Kunstschreiner **Franz Pergo**. Er kam 1593 von Grandfontaine bei Pruntrut nach Basel und wurde «siner Kunst wegen» unentgeltlich ins hiesige Bürgerrecht aufgenommen. Zahlreiche, beeindruckende Arbeiten von Franz Pergo sind auch heute noch zu bewundern: im Regierungsratsaal des Rathauses ein reichgeschnitztes Portal, im Historischen Museum ein Häuptergestühl mit reichem figürlichem und ornamentalem Schmuck, das er für die Ratsherren als Sitzgelegenheit im Münster geschaffen hat, sowie ein prachtvoll ausgestattetes Zimmer aus dem Bärenfelserhof, das heute auch im Historischen Museum zu finden ist.

Vom Heuberg zum Rathaus

Bei der Ecke zum **Spalenberg** bleiben wir stehen und betrachten die Fassade des Hauses «zum Kirschbaum» am Spalenberg. Die entzückende Wandmalerei von **Ernst Rudin**, die den Hausnamen bildlich darstellt, erfreut jeden Betrachter. An den Stamm des Kirschbaums lehnt sich ein Pan mit seiner Flöte und blickt empor zur Amsel, die sich auf den Fensterrahmen gesetzt hat, um seinem Spiel zu lauschen oder vielleicht auch mitzusingen, wer weiss?

Wir gehen den Spalenberg hoch und biegen nach links in den **Heuberg** ein. Hier hatten sich im Mittelalter vorzugsweise Metzger angesiedelt. Sie hielten verschiedene Tiere in ihren Ställen und natürlich brauchte es auch Heu, um sie zu füttern. So kam dieser Strassenzug zu seinem Namen. Das Haus «zum Paradies» (Nr. 6) lohnt einen kurzen Halt in unserem malerischen Rundgang. Hier wohnte im 18. Jahrhundert **Johann Rudolf Thurneysen-Faesch**, Rektor der Universität, der für die Durchführung der 300-Jahr-Feier der Universität Basel im Jahre 1760 zuständig war. Mit grossem Pomp – und einer zweistündigen Festrede auf Lateinisch! – wurde das Fest begangen. Zum Dank für seine grosse Mühe bei der Vorbereitung wurde danach Rektor Thurneysen ein silberner Becher verehrt. Er revanchierte sich später mit einem besonderen Geschenk: Er übergab dem Kabinett der Öffentlichen Bibliothek **Lukas Cranach**s Miniaturgemälde von Martin Luther und seiner Gemahlin, worüber der Rat und die Universität «aufs äusserste und zärtlichste gerührt»[23] waren. Diese kleinen, kostbaren Gemälde befinden sich heute im Kunstmuseum.

Am Heuberg scheinen einige besondere Vertreter des Metzgerstandes gewohnt zu haben, so zum Beispiel im Haus Nr. 8. Es wird berichtet, wie zwei Metzgersöhne, Peter und Hans Bischoff, ein Komplott gegen die Regierung geschmiedet hatten. Der Grund war einleuchtend: «Man steure zuviel und wisse nicht, was aus dem Geld werde», hiess es, und «je mehr man zahlen müsse, desto weniger liege in der Staatskasse.» Das war im Jahre 1481! Der Plan der Metzger war einfach: Man wollte den Rat während einer Sitzung überfallen, erstechen oder ins Gefängnis werfen. Das Komplott wurde aber verraten und die beiden Metzger mussten, als Mönche verkleidet, fliehen.[24]

Für unseren malerischen Rundgang interessiert trotzdem mehr das 20. Jahrhundert, denn dieses Haus Nr. 8 wurde kurz vor dem Zweiten Weltkrieg vom Kunstmaler **Otto Abt** erworben und mit einem Atelier eingerichtet. Der bedeutende baslerische Vertreter des Surrealismus hat zusammen mit Walter Kurt Wiemken und Walter Bodmer die heute legendär gewordene «Gruppe 33» gegründet. Ein Grossteil der Werke von Otto Abt ist in diesem Haus entstanden. Auch das Haus daneben ist für diesen Rundgang von besonderem Interesse. Im Haus Nr. 10 hat während der Kriegszeit die Kunstmalerin **Irène Zurkinden** gewohnt. Ihre Bilder werden in Basel besonders geliebt und geschätzt.

Am prachtvollen Renaissancebau schräg gegenüber, dem Spiesshof, kann man nicht vorübergehen, ohne von der gruseligen Spukgeschichte zu erzählen, die damit verbunden ist. Im 16. Jahrhundert lebte hier David Joris. Es war ein geachteter Mann, gross und imposant mit einem roten Bart und blauen Augen. Sein Bild, gemalt von **Jan Scorel**, kann im Kunstmuseum betrachtet werden. Manchmal kann man ihm sogar persönlich begegnen, jedenfalls wird bis in unser Jahrhundert davon berichtet! David Joris suchte im 16. Jahrhundert als Glaubensflüchtling in Basels Mauern Schutz und lebte als wohlhabender Mann jahrelang im Spiesshof, starb auch hier und wurde in Ehren begraben. Erst drei Jahre nach seinem Tod verriet sein Diener, dass der einst geachtete Mann das Haupt einer Sekte gewesen war – das war zu jener Zeit das Schlimmste, was man sich erlauben konnte. Deshalb wurde der Leichnam von Joris kurzerhand wieder ausgegraben, postum verurteilt und schliesslich verbrannt. Seither spukt es im Spiesshof …

Die reizenden Häuser entlang des Heubergs lassen einen nur langsam vorwärts schreiten, gibt es doch viele Einzelheiten zu betrachten, von besonders hübschen Hauszeichen («zum Seidenhut» Nr. 14) und geschnitzten Fensterrahmen (Nr. 12) bis zum grossen gotischen Spitzbogenportal des Hauses «zum Waldshut» (Nr. 22). Bald blickt man auf einen stimmungsvollen kleinen Platz, den **Gemsberg**. Die gotischen Häuser mit Spitzbogenportalen, die Reihenfenster, geschmückt mit herrlichen Geranien, und der in der Mitte plätschernde Brunnen lassen vergangene Zeiten auferstehen. Vom Brunnenstock herab blickt eine Gemse in die Runde. Sie wurde 1861 von **Heinrich Rudolf Meili** (1827–1882) geschaffen, einem Künstler aus Binningen. Damals kostete ein Kunstwerk etwas weniger als heute: Das Aufstellen hat 6 Franken gekostet, der Guss 320 Franken und der Künstler hat 350 Franken erhalten …

Am Gemsberg Nr. 5 wohnte gegen Ende des 19. Jahrhunderts ein ausserordentlich begabter Dekorationsmaler, **Franz Baur**. Bei ihm ging unter anderen auch **Otto Plattner** in die Lehre. Dabei hat er in diesem Haus einige bedeutende Maler persönlich kennen gelernt, die bei Franz Baur ein und aus gingen, zum Beispiel die beiden bedeutenden Schweizer Künstler **Cuno Amiet** und **Giovanni Giacometti**. Interessant ist aber auch eine Geschichte einer herrlich illustrierten Bibel, die mit diesem Haus verbunden ist. Anfang des 19. Jahrhunderts wohnte hier der Antiquitätenhändler Speyr-Passavant. In seinen Besitz gelangte eine prachtvolle, karolingische Bibel aus der ehemaligen Benediktinerabtei von Moutier-Granval, heute als **Alkuin-Bibel** bekannt. Sie war auf feinstes Pergament geschrieben, hatte rund 1000 Seiten und war in Tours um 830 n. Chr. entstanden, versehen mit herrlichen, farbig kolorierten Initialen. Kinder hatten das fast 20 Kilo schwere Buch beim Spielen auf einem Estrich in Delémont wieder entdeckt. Der Basler Kunsthändler und Antiquar Speyr-Passavant konnte das prachtvolle Werk erwerben. Während 15 Jahren blieb diese einzigartige Bibel am Heuberg, dann bot Herr Speyr-Passavant sie der Stadt Basel zum Kauf an. Leider kam postwendend eine Absage: «Unsere beschränkten Finanzen lassen uns auf der hiesigen öffentlichen Bibliothek nur das höchst Notwendige anschaffen; ich bedaure daher, dass diese grosse Seltenheit wahrscheinlich von Basel wegkommen wird. D. Huber, Bibliothekar.»[25] Wie vorhergesehen, gelangte das Werk wegen dieser Finanznöte 1836 ins British Museum, wo es heute noch zu bewundern ist. Antiquar Speyr-Passavant fügte übrigens auf seinen Visitenkarten noch lange folgenden stolzen Zusatz bei: «Ehemaliger Besitzer und Autor der Description der von Alkuin geschriebenen und Karl dem Grossen geschenkten Bibel.»[26]

Während unser Blick in die Runde geht, fällt inmitten der mittelalterlichen Häuser eine mit Architekturmotiven reich bemalte Hausfassade ins Auge. Sie gehört zum Restaurant «Löwenzorn» und vermittelt fast den Eindruck eines italienischen Palazzos: kühne Architekturvisionen, hallenartige Räume, imposante Säulenkolonnaden, dazwischen ein Stück blauer Himmel – ein Hauch des Südens! Entstanden ist diese Fassadenmalerei etwa um 1700, sie wurde aber erst vor rund 40 Jahren wieder entdeckt, nachdem sie lange übertüncht gewesen war. Der Maler ist leider nicht bekannt. Etwas Vergleichbares ist sonst in Basel nirgendwo zu finden.

Wir spazieren entlang dieses Hauses den Berg hinunter und treffen an der Ecke auf die reich geschmückte Fassade eines Hauses am **Spalenberg**. Es sind Jugendstil-Sgraffitti am Haus «zum Wolf» (Nr. 22), die **Burkhard Mangold** für eine Spezereienhandlung geschaffen hat, die sich damals in diesem Haus befand. Bei genauem Studieren bemerkt man, dass es sich offensichtlich um kostbare, importierte Ware handelt, die hier dargestellt wurde: Der Kaffee aus Südamerika, Tee aus dem Fernen Osten und Südfrüchte aus Afrika sind begleitet von den Menschen jener Kontinente, also Indianern, Chinesen und Schwarzen. Weiter den Spalenberg hinunter flanierend, gelangen wir zum Hotel Basel, an dessen Stelle einst die Malerwerkstatt von Hans Herbster gestanden hat. **Hans Holbein d. J.** und sein Bruder Ambrosius begannen ihre Basler Zeit in dieser Werkstatt (1515). Der Sohn des Meisters hat auch einen berühmten Namen in Basel: Johannes Herbster, genannt **Oporinus**. Er zählt zu den bekannten Buchdruckern der Stadt. Oporinus war zuerst Famulus von **Paracelsus**, nachdem dieser 1527 als Stadtarzt in Basel tätig wurde. Sicher eine hoch interessante Stellung! Jedenfalls schildert Oporinus 30 Jahre später in einem Brief unter anderem, wie Paracelsus ständig irgendwelches Gebräu über dem Feuer gehabt, ja sogar Leute wieder zum Leben erweckt habe. Später wurde Oporinus Professor der griechischen und lateinischen Sprachen (1538) an der Universität Basel und hat dann auf eigenes Risiko auch «fleyssig getrucket».

Unser Weg führt nun zum Marktplatz durch die **Hutgasse**. Linker Hand sticht eine Fassadenmalerei mit verschiedenen Handwerkern ins Auge. Sie stammt auch von **Burkhard Mangold** und befindet sich am Gebäude der Schuhmacherzunft. Wie man sehen kann, hat der Künstler mit seinen Malereien Bezug genommen auf die Zunft und ihr Handwerk, aber auch auf die Feste, die im Zunftsaal jeweils abgehalten wurden. Am Marktplatz wenden wir uns zuerst nach rechts und gelangen nach wenigen Schritten zur **Gerbergasse** Nr. 4, einem Warenhaus, bei welchem links an der Wand eine grosse Tafel an einen berühmten Maler erinnert: An dieser Stelle stand einst das Haus, in dem der grosse Basler Kunstmaler **Arnold Böcklin** am 16. Oktober 1827 das Licht der

Welt erblickt hat. Viele seiner eindrücklichen Bilder, wie zum Beispiel «die Pest» – sein letztes, leider unvollendetes Werk – und auch eine Fassung der berühmten «Toteninsel», sind im Kunstmuseum Basel zu besichtigen. Böcklins «Toteninsel» war um die Jahrhundertwende sozusagen in jedem Schlafzimmer über dem Ehebett zu finden, nicht nur in Basel, sondern weiterum in Europa!

Gehen Sie nun zurück zum **Marktplatz** und betrachten Sie das reich verzierte Rathaus. Vor allem zwei Namen müssen im Zusammenhang mit den Malereien genannt werden: **Hans Bock** und **Wilhelm Balmer**. Anfang des 17. Jahrhunderts erhielt Hans Bock den ehrenvollen Auftrag, die Fassade des Rathauses zu bemalen. Die Malereien wurden jedoch zu Beginn dieses Jahrhunderts von Wilhelm Balmer nochmals neu angebracht. Er hat die Gemälde von Bock vorher durchgepaust und dann neu gemalt, ergänzt mit einigen eigenen Ideen. Entzückend ist zum Beispiel der kleine Hund, der im oberen Stockwerk ganz links hinter dem Rohr hervorschaut.

Das hintere Gebäude, welches zu Beginn des 20. Jahrhunderts neu erbaut worden ist, kann vom Innenhof des Rathauses aus betrachtet werden. Auch hier hat Wilhelm Balmer die Bilder gemalt. Die ganze Breite der Wand wird vom Einzug der Eidgenossen eingenommen, darüber thront Kaiser Heinrich II., während darunter die Girlanden haltenden Putenengel von einigen sehr beherzigenswerten Sprüchen gerahmt werden, wie zum Beispiel «Wohl vorgehen macht wohl folgen». Schon immer wollte man mit den Malereien am Rathaus den Ratsherren und Richtern vor Augen führen, dass sie unbestechlich und weise handeln sollen. Davon zeugen auch die zum Teil zurückrestaurierten Gemälde von Hans Bock, deren Themen aus der Bibel oder der Antike entnommen sind. Es sind überall Hinweistafeln mit allen Angaben aufgestellt.

Schliesslich ist die grosse Statue des Munatius Plancus nicht zu übersehen. Auf der Grabtafel dieses römischen Feldherrn findet sich der Hinweis, dass er in der Gegend des keltischen Stammes der Rauriker eine Stadt gegründet habe. Ob er nun der Stadtgründer von Basel oder Augusta Raurica war, darüber ist schon viel diskutiert worden. Antistes Jacob Burckhardt hat die verschiedenen Meinungen weise folgendermassen zusammengefasst: Munatius Plancus war der Mann, «welcher zuerst die römische Kultur nach Raurica gebracht hatte und hiedurch mit zur Entstehung unserer Vaterstadt beigetragen haben mochte».[27] Der aus Strassburg stammende **Hans Michel** hat die mächtige Statue, die jedem Betrachter mit ihrer theatralischen Haltung imponierend entgegentritt, 1580 «bei dreissig Wochen» geschaffen und der Regierung

Maske geschaffen von Arnold Böcklin, 1871 für die Gartenfassade der Basler Kunsthalle entworfen (gehauen von Emil Meyer).

geschenkt. Es war sein Dank für die unentgeltliche Aufnahme ins Basler Bürgerrecht – allerdings hat er dann eine «Verehrung» des Rates in der Höhe von 100 Gulden nicht ausgeschlagen. Von Hans Michels Kunst kann man sich übrigens auch in der Hauptstadt des Kantons Jura, in Delémont, überzeugen, denn die prächtigen Brunnenfiguren der Stadt mit dem Mauritius und der Maria sind seine Werke.

Zwei köstliche Malerporträts gibt es darüber hinaus noch im Innenhof zu entdecken: Links neben Munatius Plancus, an der Wand der ehemaligen Arrestzelle, haben sich **Otto Plattner** und **Burkhard Mangold** gegenseitig hinter Gitter verewigt (1931), so, als würden sie im Gefängnis sitzen. Beiden Malern sind wir auf unserem Spaziergang schon mehrmals begegnet und haben Wandmalereien von ihnen betrachtet. Die musikinteressierten Basler kennen Burkhard Mangold auch durch Plakate, die er jahrzehntelang für den **Basler Gesangverein** geschaffen hat. Mangold war nämlich 40 Jahre lang aktiver Sänger im Chor. Die Plakate waren jeweils mit einem in markanter Schwarz-Weiss-Manier gearbeiteten Komponistenbildnis geziert und prägten unverwechselbar das Erscheinungsbild des Gesangvereins.

Vom Marktplatz zum Münsterplatz

Unser nächstes Ziel ist die **Freie Strasse**. Sie erreichen sie, indem Sie sich vom Innenhof des Rathauses kommend nach links wenden. Die Fassade der Schlüsselzunft (Nr. 25) und im Innern die Säle, die auch heute noch von der Zunft benutzt werden, zeugen von der Wohlhabenheit der Kaufleute, die hier zusammentrafen. Im Treppenhaus gibt es auch ein modernes Wandgemälde zu bewundern, das vom Basler Künstler **Samuel Buri** geschaffen worden ist. Beeindruckt von einer Ausstellung über Tobias Stimmer im Kunstmuseum, hat Samuel Buri dieses Wandgemälde entworfen. Er ging dabei von der Annahme aus, bei der Renovation des Treppenhauses hätte man ein altes Wandgemälde entdeckt. Deshalb sind im Gemälde grössere weisse Flecken und viele Schraffuren zu sehen. Buri möchte damit auch auf die hochgezüchtete Vergangenheitsbesessenheit und Restaurationswut der heutigen Zeit hinweisen.

Neben der Schlüsselzunft mündet der **Schlüsselberg** in die Freie Strasse. Wenn Sie Lust haben, können Sie mit ein paar Schritten ein köstlich-humorvolles kleines Kunstwerk besichtigen: Ein Laternchen, das ein verschwiegenes Örtchen diskret bezeichnet und vom vielseitigen Basler Künstler **Niklaus Stöcklin** geschaffen worden ist. Allerdings wurde das Original gestohlen!

Der Schlüsselzunft gegenüber steht an der Ecke Freie Strasse/Rüdengasse die Hauptpost. Das Gebäude in rotem Sandstein, 1853 im neogotischen Stil von **Johann Jakob Stehlin d. J.** errichtet, ist aussen und innen reich geschmückt und verziert mit verschiedenen Figuren. In der Schalterhalle, die mit den hohen Säulen fast an einen Kirchenraum erinnert, findet man auch zwei interessante Wandgemälde (1910) vom Basler Künstler **Burkhard Mangold**. Wir haben dessen Porträt im Rathaushof hinter Gitter betrachtet (der Eingang zu den Schaltern befindet sich an der Rüdengasse).

Wir bleiben in der **Freie Strasse** und spazieren langsam aufwärts. Mehrere Zunfthäuser befanden sich an diesem Strassenzug, denn hier in der Talstadt hatten sich im Mittelalter die verschiedenen Handwerker angesiedelt. Gleich auf der linken Seite erblickt man ein Kleidergeschäft im Haus «zum Wilden Mann», wo früher zwei Zünfte ihr Zunfthaus besassen. Die eine Zunft interessiert uns besonders: Die Zunft zum Himmel, denn bei ihr waren die Maler zünftig, so unter anderen auch **Hans Holbein d. J.**

Auf der gegenüberliegenden Strassenseite entdeckt man bald eine besonders reich geschmückte Fassade mit herrlichen Sgraffiti von **Hans Sandreuter**. Es ist das Zunfthaus der Hausgenossen, zu der früher die Silberschmiede gehörten. Man entdeckt deren Hauszeichen, den Bären, gleich mehrere Male. Wenige Schritte weiter, im Eckhaus Nr. 38, hatte ein sehr berühmter Maler im Mittelalter seinen Wohnsitz: **Konrad Witz**. Er hat hier im Jahre 1443 ein Haus gekauft und bewohnt, als er während des Konzils nach Basel kam. Die hohe Kaufsumme von 350 Gulden zeigt, dass Konrad Witz bereits ein gemachter Mann war, als er dieses Haus erwarb. Hier hat er wohl die Entwürfe für den Totentanz an der Kirchhofmauer des Predigerklosters geschaffen, die als sein Werk angesehen werden. Und an diesem Ort hat er vermutlich auch die prächtigen Altartafeln zum Heilsspiegelaltar für die Leonhardskirche gemalt, die heute im Kunstmuseum bewundert werden können. Von Bischof François de Mies, der auch am Basler Konzil teilnahm, erhielt Konrad Witz den Auftrag, einen Altar für die Kathedrale St. Pierre in Genf zu schaffen. Dort ist Konrad Witz 1447 leider gestorben. Sein Haus an der Freie Strasse in Basel wurde danach verkauft. Einen Teil des Erlöses bekam seine jüngste Tochter, die es dem Steinenkloster überliess, in das sie eingetreten war.

Etwas zurückgehend, finden Sie schräg gegenüber ein kleines Gässchen, das in die Freie Strasse mündet, das **Fahnengässchen**. Wir steigen dessen Treppen hoch und gelangen in den **Schlüsselberg**. Fast drohend steht da linker Hand die Statue eines wilden Mannes. Es ist das alte Hauszeichen des Gebäudes «zum wilden Mann», das wir schon von der Freie Strasse her betrachtet haben. Die Statue bezeichnete das schon erwähnte Zunfthaus der Maler. An der gelb gestrichenen Hausfassade gegenüber der Statue entdeckt man – allerdings erst bei längerem Suchen – ganz hoch oben eine weitere Besonderheit, die anzuschauen sich lohnt: das Relief einer Elefantendame, Miss Kumbuk! Es ist ein kleines Kunstwerk, welches **Carl Gutekunst** 1914 geschaffen hat in Verehrung des ersten Elefanten des Zoologischen Gartens Basel. Es war genau genommen eine Elefantendame, und sie kam aus Indien vom Kumbuk-Fluss im Jahre 1886 nach Basel. Man baute ihr ein romantisches, orientalisches Elefantenhaus, und bald war sie der erklärte Liebling aller. Man nannte sie Miss Kumbuk, und widmete ihr auch ein kleines Bilderbuch mit Versen. Darin heisst es:

«… dann wurd sie auf ein Schiff gehisst
und hat nach Basel fortgemüsst
allwo im Zoologischen Garten
man schenkungsweis sie tat erwarten.
Jetzt lebt im Nachtigallenwald
zur Freude sie von Jung und Alt
vertreibt die Zeit mit dummen Faxen
tut strebsam in die Höhe wachsen.»[28]

Alle waren sehr traurig, als sie 1917 starb. Hier ist sie verewigt worden. Den mächtigen Fundamentmauern des Hauses auf der rechten Seite entlang spazierend, steigen wir die Gasse hoch bis zum prachtvollen Portal dieses stattlichen Gebäudes. Das Haus «**zur Mücke**» mit dem grossen Satteldach und dem reich verzierten Portal zeigt die Wichtigkeit, die diesem Bau immer zugekommen ist. Ursprünglich befand sich hier die Trinkstube der Adeligen, und während des Konzils von Basel wurde 1439 in diesem Haus sogar ein Gegenpapst gewählt! Von Interesse für unseren malerischen Rundgang ist aber die Zeit, in der darin die Kunstsammlung der Stadt ausgestellt wurde. Jeder bedeutende Gast von Basel besuchte diese Sehenswürdigkeit und schrieb sich in das Besucherbuch ein: **Goethe** ist da zu finden sowie **Kaiser Franz von Österreich** und viele berühmte Namen mehr. An Stelle der weisen Häupter ertönt nun Kinderlachen in den Räumen dieses ehrwürdigen Hauses, denn heute ist eine Schule darin untergebracht.

Wenige Schritte weiter finden Sie an der Hauswand des Eckhauses rechts oben ein kleines Wandgemälde, das daran erinnert, dass hinter dem blinden Fensterteil ein Klassenzimmer der Primarschule zu finden ist. Der Lehrer blickt zum Fenster hinaus und bemerkt die Hand der kleinen, vorwitzigen Schülerin über seinem Kopf nicht …

Nun weitet sich unser Blick, und man freut sich über den geschlossenen, stimmungsvollen **Münsterplatz**, dominiert von der ehemaligen Bischofskirche, dem Basler Münster. Die mächtige Westfassade mit den verschiedenen Figuren und dem herrlichen, mit Rosen und Engeln geschmückten Portal muss man in Ruhe aus der Nähe betrachten. Man darf sicher davon ausgehen, dass alle Maler bei ihrem Besuch in Basel das Münster mit grossem Interesse aufgesucht und die vielen Einzelheiten bewundert haben. Die zahlreichen Kostbarkeiten im Innern, die herrliche Kanzel, die verschiedenen Schlusssteine, die romanischen Kapitelle im Chor oder das reich geschnitzte Chorgestühl benötigen viel Zeit und Musse, um sie in Ruhe betrachten zu können. Es lohnt sich, das Münster gesondert zu besuchen, um auch die vielen Einzelheiten aussen bewundern zu können: neben den vielen köstlichen Tierfiguren am Chor und dem herrlichen Blick von der Pfalzterrasse, vor allem die eindrückliche Galluspforte aus dem 12. Jahrhundert auf der Nordseite.

Vom Münster zum Theaterplatz

Unser Rundgang führt weiter den **Münsterberg** abwärts. Es ist die kleine Gasse, die beim besonders reizenden Fachwerkhaus den Berg hinunter führt. Gleich auf der rechten Seite beim Hoftor betrachten wir mit besonderer Freude ein humoristisches Wandgemälde: eine ergötzliche «Liebeslaube», ein Fries mit Liebespaaren in Arkaden. Es wurde für die Eheverkündigungen geschaffen, die bis vor kurzem hier publiziert wurden. Diese Liebeslaube stammt vom damals 25-jährigen Basler Maler und berühmten Plakatgrafiker **Niklaus Stöcklin** (1896–1982).

In einem Ausstellungskatalog der Kunsthalle (1928) heisst es: «Niklaus Stoecklin ist sicherlich von allen Basler Künstlern der baslerischste …»[29] Trotzdem gab dieses Wandgemälde mit den sich innig umarmenden und küssenden Liebespaaren Anlass zu grossem Ärger und moralischer Empörung in der Bevölkerung. 1921 galten diese Darstellungen als sehr ungehörig – heute ist das schwer nachvollziehbar! Es führte soweit, dass ein direkt modern anmutendes Attentat auf das Gemälde verübt wurde: Während einer Nacht wurde es mit roter und blauer Anilinfarbe beschmiert! Mit beträchtlichem Aufwand (und auf Kosten des Staates!) musste Stöcklin das fast ganz zerstörte Wandbild wiederherstellen. Der Künstler hat die Angelegenheit mit typischem Basler Witz hingenommen. Bald danach las man auf einem Titelblatt (Schatzkäschtli 1921) zum Bild der Ehestandstafel folgenden köstlichen Vers:

«Jetzt gohts bigoscht em Niggi Steggli
fascht wie vor 50 Johr im Beggli!
Sie schimpfe jede Daag verfliemter
Dr Niggi – wird nur als biriehmter.»[30]

Neben Wandgemälden und berühmten Plakaten (Gaba-Plakat) illustrierte Niklaus Stöcklin auch Johann Peter Hebels «Alemannische Gedichte» (1935) und im Auftrag von Hermann Hesse dessen «Drei Geschichten aus dem Leben Knulps» (1944). Dazu schuf er poetische Bilder von Basler Altstadtwinkeln und kreierte Jahr für Jahr (insgesamt 54!) Basler Fasnachtsplaketten.

Nun spazieren wir langsam den Münsterberg hinunter bis zum schmalen Haus Nr. 10. Hier wohnte und arbeitete **Jakob Enderlin**, Schlosser, Gross- und Kleinuhrmacher und zudem seit 1684 Stadtuhrmacher. Zu seinen Aufgaben gehörte es, dass die Uhren am Münster und am Rathaus jede Woche zweimal kontrolliert und gerichtet wurden. Berühmt wurde Enderlin mit einem ganz besonderen Werk: dem «**Lällekönig**». 1697 erhielt er den Auftrag, die Uhr am Rheintor bei der (damals noch einzigen) Brücke über den Rhein auszubessern. Im Gutachten, welches Enderlin dem Rat erstatten musste, schlug er vor, das Räderwerk der Uhr mit einer kupferbemalten und gekrönten Menschenfratze zu verbinden, welche unheimlich die Augen rollen solle und jede zweite Sekunde eine lange Zunge, den «Lälli», herausstrecken könne. Bis 1839 ergötzte dieser «Lällekönig» jeden Betrachter. Leider setzte der Abbruch des Tores dieser Herrlichkeit ein Ende. Heute kann man die Fratze im Historischen Museum ansehen. Beim Abbruch konnte man folgendes Gedicht lesen:

«In alter Zeit herrsch' ich allein
als Uhr am Rheintorturme;
Ich zog den Lälli aus und ein
bei Sonnenschein und Sturme.
Nun bin ich schlecht pensioniert,
kann sterben nicht noch leben;
Die neue Zeit ganz ungeniert
hat mir den Rest gegeben.»[31]

Unser Rundgang auf Spuren von Malern und bildenden Künstlern geht nun dem Ende entgegen. Wir überqueren beim Neptunbrunnen die Freie Strasse und gehen in der gleichen Richtung weiter durch die **Streitgasse** zum Barfüsserplatz. An der kurzen Streitgasse sind zwei bedeutende Künstler zu nennen. Im Haus Nr. 4 (heute Papeterie) hat im 16. Jahrhundert der berühmte Steinmetz **Daniel Heintz** gewohnt. Er war im Rathaus tätig (Treppengehäuse im Vorzimmer des Regierungsratsaales) und hat sich mit dem Bau von Renaissancehäusern in Basel besonders ausgezeichnet, dem Spiesshof am Heuberg und wahrscheinlich auch mit dem Zunfthaus der Weinleute am Marktplatz. Ein bekannter Bäckermeister hat ebenfalls in der Streitgasse gewohnt. Er hat sich aber nicht als Bäcker, sondern mit unzähligen Stadtansichten als Kleinmeister einen Namen gemacht: **Emanuel Büchel** (1705–1775). Mit zähem Fleiss und unendlicher Geduld malte und skizzierte Büchel jeden Winkel der Stadt Basel. Heute betrachtet man mit besonderer Freude die Atmosphäre und das ausgesprochene Lokalkolorit, welches aus seinen Veduten hervorgeht. Sein Haus war allerdings nicht die Bäckerei, die man heute in der Streitgasse findet – ein winzig kleines Häuschen, das sich mit Erfolg zwischen den mächtigen Fassaden behauptet! –, sondern Büchels Wohnhaus stand an der Streitgasse Nr. 1. Seine Bäckerei betrieb er am Rande der Altstadt. Es war nicht gestattet, eine Bäckerei mitten in der Stadt zu führen wegen der Feuergefahr.

Am **Barfüsserplatz** betrachten wir die verschiedenen bemalten Fassaden rund ums Stadtcasino. Während die köstlichen Sgraffiti am Restaurant «zum braunen Mutz» von **Hans Sandreuter** allen Leuten gefallen, wurde das Wandgemälde am Bau des Casinos nur mit Kopfschütteln begutachtet. Kunst im öffentlichen Raum hat auch hier zu Ärger und Unverständnis geführt. Das Gemälde am Casino ist 1941 entstanden: «Apollo und die Musen» von **Alfred Heinrich Pellegrini** (1881–1958). Der bedeutende Künstler war damals 60 Jahre alt und hatte schon mehrere Wandbilder in Basel geschaffen. Das Wandgemälde hier wurde damals mit Ärger oder Ratlosigkeit zur Kenntnis genommen. Ja, einige Kirchenvertreter riefen sogar unverblümt zu einem Attentat auf die Fresken auf, «im Namen der hohen katholischen Auffassung von Frauenwürde, Ehe und Mutterschaft»[32]. Mehr Anklang fand das Wandbild gegenüber dem Casino am **Steinenberg**, das auch von Pellegrini geschaffen worden ist. Es gehört zu seinen heitersten, ja fast übermütigen Werken. Da schwebt eine ganze Clownerie an der Wand auf blauem Grund, die Fenster umtanzend. Das Restaurant «die alte Bayrische» befand sich früher in diesem Haus, und das Künstlervolk pflegte sich dort zu treffen. Die Komponisten **Hans Huber** und **Max Reger**, bekannte und weniger bekannte Schriftsteller und Schauspieler, Tänzerinnen und Opernsänger leerten hier ihre Becher. Ihnen allen hat Pellegrini mit seinem Wandgemälde ein kleines, heiteres Denkmal gesetzt: Man entdeckt die verschiedenen Künste und Künstler – gekrönt vom Gott des Biers! Pellegrini soll den Steinenberg «unsern Montparnasse» genannt haben, nicht zu Unrecht, denn innerhalb weniger

Meter Entfernung liegen der Musiksaal, das Stadttheater und die Kunsthalle beieinander. So steigen wir diesen Montparnasse noch ein Stückchen aufwärts und beschliessen unseren Rundgang am «Paradeplatz der Kunst»: beim Brunnen von **Jean Tinguely**, zwischen Theater und Kunsthalle. Die heiteren, ja fast ausgelassen tanzenden Figuren und Räder gewinnen jedermann ein Lächeln ab. Der Brunnen heisst offiziell Fasnachtsbrunnen – in Basel wird er aber einfach Tinguely-Brunnen genannt. Am schönsten ist er zur kalten Winterszeit, wenn die verschiedenen Figuren vereist sind und eigenartig glitzernde Skulpturen bilden. Der Brunnen ist 1977 entstanden, nachdem der Theaterneubau fertig gestellt war. Vor diesem Theaterbau steht seit wenigen Jahren eine mächtige Eisenplastik von **Richard Serra**, die bei vielen Leuten keineswegs ein Lächeln hervorruft, sondern einmal mehr zu Diskussionen Anlass gibt. Dahinter tröstet aber eine zarte, feine Leiter, die an der Wand des Theaters ins Unendliche führt: Es ist eine «Mondleiter», von **René Küng** geschaffen. Sollten Sie an diesem Platz noch weitere Kunstwerke betrachten wollen, so begeben Sie sich ins Innere der Kunsthalle oder auch ins Restaurant. Dort sind die wunderbaren und grotesken Figuren des grossen Basler Malers **Arnold Böcklin** zu finden, die bestimmt bei jedem Betrachter das Gefühl hervorrufen, solchen Gesichtern irgendwo schon begegnet zu sein.

Die Schwimmwasserplastik «Fontaine» von Jean Tinguely entstand 1980 und befindet sich vor dem Tinguely-Museum.

Auf den Spuren von Dichtern und Schriftstellern durch Basel

Besonderes:
Universitätsbibliothek mit Führungen jeweils am ersten Mittwoch im Monat um 18.15 Uhr (siehe auch Tagespresse).
Literaturhaus, Gerbergasse 30.

Vom Blumenrain zur Peterskirche

Ein literarischer Rundgang muss wohl mit **Goethe** beginnen. Zweimal hat Goethe Basel besucht (1775 und 1779), jeweils von Freitag bis Sonntag, und beide Male kehrte er beim Kupferstecher und Kunsthändler **Christian von Mechel** ein. Um zu diesem Ort zu gelangen, beginnen wir unseren Rundgang in der Nähe der Mittleren Brücke beim **Hotel Drei Könige** am **Blumenrain**, in welchem Goethe logiert hat. In diesem Hotel haben auch noch andere berühmte Dichter übernachtet: **Voltaire**, **Dickens** und **Thomas Mann**. Der Bau, den wir heute sehen, stammt allerdings aus dem 19. Jahrhundert und wurde vom Architekten Amadeus Merian entworfen. Aber die Figuren der drei Könige an der Fassade hat Goethe auch schon betrachtet.

Den Blumenrain aufwärts dem Tramgeleise folgend, spazieren wir auf Goethes Spuren zur **St. Johanns-Vorstadt** und zum kleinen, mit einem klassizistischen Portal versehenen Haus Nr. 15. Dort finden wir im Hof eine Erinnerungstafel an Goethes Besuch. Herr **Christian von Mechel** empfing den grossen Dichter nicht im Erlacherhof (Nr. 17), denn diesen prachtvollen Sitz hat er erst fünf Jahre später erworben und im klassizistischen Stil umbauen lassen, sondern im kleineren Haus «zum St. Christoffel». Kupferstecher von Mechel (1737–1817) war, bevor er nach Basel kam, ein brillanter Höfling in Paris gewesen. Er hat im Laufe seines langen Lebens eine imposante Liste von Persönlichkeiten gekannt und getroffen: Könige von Frankreich, England und Österreich, Napoleon (dem er in Basel begegnete) und die Päpste Clemens III. und Pius VI. Nach seinem Aufenthalt in Paris hat sich Kupferstecher Christian von Mechel in Basel niedergelassen, wo er seine zukünftige Ehefrau kennen lernte, nämlich die Schwester des Schriftgiessers Wilhelm Haas. Im Hause Mechel hing eine prächtige Gemäldesammlung, und diese zu betrachten war der Grund für Goethes Besuch. Bei Goethes persönlichen Aufzeichnungen wird nur kurz angeführt: «Eile über Basel. Von Mecheln.»[33] Indessen schreibt Christian von Mechel ausführlich über den hohen Besuch an einen Freund: «Aujourd'hui nous goûtons la satisfaction de posséder chez nous Goethe, l'historien du jeune Werdern; original dans ses écrits, il l'est de caractère, mais d'une manière à devenir extrêmement intéressant.»[34]

Beim zweiten Basler Aufenthalt, 1779, ritt Goethe zu Pferde in Basel ein, als Staatsminister und in Begleitung des 22-jährigen Herzogs Karl August von Weimar. Das Interesse galt nicht nur der Landschaft Basels, sondern auch der Wirtschaft, Wissenschaft und Kunst. So besuchten sie den Bandfabrikanten **Johann Rudolf Burckhardt** im Haus «zum Kirschgarten» (heute Museum) und die Sammlung im Haus «zur Mücke» am Münsterplatz mit den Holbein-Bildern und der kostbaren Bibliothek der Universität. Leider gibt es keine literarischen Texte Goethes über Basel, dafür hat er aber das Basler Papier ausserordentlich geschätzt: «… darauf schreib ich so gern», notiert er. Den «West-östlichen Divan» hat Goethe auf Basler Papier niedergeschrieben.

Sicher wurden und werden in Basel Goethes Werke gelesen. Wohl noch mehr verehrt wird aber ein anderer Schriftsteller und Dichter: **Johann Peter Hebel** (1760–1826). Auch Goethe hat ihn gekannt und geschätzt, er hat sogar eine Rezension über die zweite Auflage von Hebels «Alemannischen Gedichten» geschrieben: «Der Verfasser dieser Gedichte, die in einem oberdeutschen Dialekt geschrieben sind, ist im Begriff, sich einen eigenen Platz auf dem deutschen Parnass zu erwerben …»[35], heisst es dort unter anderem.

Johann Peter Hebels Geburtshaus finden wir, in dem wir nun wieder etwas zurückspazieren zum Haus am **Totentanz** Nr. 2. Auch hier ist eine Erinnerungstafel angebracht, versehen mit dem Geburtsdatum Hebels, dem 10. Mai 1760. Es ist dem Basler Dichter **Fritz Liebrich** (1879–1936) zu verdanken, dass der genaue Geburtsort bekannt geworden ist, hatte man doch lange Zeit das Geburtshaus in der «Neuen Vorstadt» vermutet und deshalb jenen Strassenzug in Hebelstrasse umgetauft. 1926 entdeckte Fritz Liebrich in zwei Briefen Hebels den Hinweis auf seinen wirklichen Geburtsort in der Stadt Basel: «… in der ich geboren bin, und zwar just in der Santehans …, das 2te Haus vor dem Schwiebbogen»[36]. Die eindrücklichen Gemälde des Totentanzes an der Kirchhofmauer, direkt bei seinem Wohnhaus, haben sicher den kleinen Johann Peter sehr beeindruckt (siehe malerischer Rundgang).

Nun spazieren wir den Blumenrain wieder ein kurzes Stück abwärts bis zur **Petersgasse**, die nach rechts abbiegt und langsam zur Peterskirche hinauf führt. In der Petersgasse machen wir einen ersten Halt beim Schönkindhof (Nr. 13), dessen Rundbogentor mit den rustikalen Quadern im 16. Jahrhundert der Eingang zur bedeutenden Buchdruckerei **Cratander** (Andreas Hartmann) war. In dieser Offizin betätigte sich **Oekolampad** als Korrektor, weil er neben Latein und Griechisch auch Hebräisch beherrschte, was zu jener Zeit äusserst selten war. Deshalb versuchte man den jungen Sprachenkenner auch für andere Orte zu gewinnen. Das zeigt eine herrlich zu lesende Briefstelle: «Ich habe viel Fleiss aufgewendet, einen guten Mann zu finden, und hätte einen namens Oekolampad gehabt, aber die von Basel haben mir denselben aus den Händen gerissen, er ist dorthin gegangen.»[37] Oekolampads Zeit in Basel sind die Jahre der Reformation, und er hat Wesentliches dazu beigetragen. Als Freund von Zwingli hat er dessen Anliegen in Basel durchgesetzt und wird deshalb als Basler Reformator verehrt.

Die Buchdruckerei Cratander wurde 1535 an **Oporinus** (Johannes Herbster), **Thomas Platter** und zwei weitere Kollegen übergeben. Auch unter diesen Druckerherren kamen bedeutende Werke heraus. Noch im Jahr der Übernahme erschien Calvins Grundwerk «Institutio religionis christianae». **Calvin** lebte damals in Basel unter dem Namen Martinus Lucanius, weil er vor einer Protestantenverfolgung flüchten musste. Wenige Jahre später – Calvin war unterdessen längst wieder weitergezogen – erschien in derselben Druckerei eine bedeutende Schrift über die Toleranz von **Sebastian Castellio** (1515–1563), die dieser verfasst hatte, weil er mit der Tötung des Spaniers Servet durch Calvin nicht einverstanden war. In der auch heute noch hoch aktuellen Schrift von Castellio («Von den Ketzern, ob sie zu verfolgen seien») über die religiöse Toleranz liest man in klaren Worten: «Einen Menschen töten auf Grund seines Glaubens, heisst nicht, eine Lehre verteidigen, sondern einen Menschen töten.»[38] **Stephan Zweig** hat sich übrigens in seinem spannenden Buch «Castellio gegen Calvin» mit Leben und Werk Castellios auseinandergesetzt und ihm damit ein aktuelles und lesenswertes Denkmal gesetzt.

Das folgende Tor auf der rechten Seite führt zum Andlauerhof. Die Familie Andlau stammt aus dem Elsass und gehört dort zu den ältesten Familien des Landes. Der Sage nach soll ein Andlau im Gefolge von Karl dem Grossen ins Elsass gekommen sein, ja man erzählt sich sogar, dass ein Andlau als römischer Ritter bei der Gefangennahme Christi am Ölberg die Laterne gehalten habe! Für Basel ist gesichert, dass ein **Georg Andlau**, Domherr zu Basel, im Jahre 1460 Mitbegründer und erster Rektor der Universität gewesen ist. Sein Grabmal findet man im Münster.

Nun steigen wir gemächlich die malerische Gasse hoch und betrachten die verschiedenen ehemaligen Adelshöfe, deren Namen noch über den Türen zu lesen sind. Im Offenburgerhof (Nr. 40) lebte zur Zeit von **Holbein d. J.** eine junge Dame, Magdalena von Offenburg, welche der Maler als Modell für zwei seiner Gemälde auserkoren hatte: «Venus und Amor» und «Laïs von Korinth». Seither haftet an Magdalena von Offenburg ein zwielichter Ruf … Man kann sich wirklich nur schwer vorstellen, dass sie gewillt war, sich als berühmte Hetäre des alten Griechenlands malen zu lassen! Die beiden Bilder hängen heute im Kunstmuseum.

Auf der anderen Strassenseite entdeckt man ein besonders schmuckes Portal aus der Renaissance, das zum Ringelhof (Nr. 23) gehört und die Porträts seiner ehemaligen Besitzer zeigt: Es ist Cristoforo d'Annone mit seiner Gemahlin Augusta Angela. Trotz des hübschen Namens schaut sie eher hausbacken drein. Indem man weiter zur Peterskirche hochsteigt, kann man sich an einem der malerischsten Winkel der Stadt erfreuen. Die mittelalterlichen Häuser, meist eng und schmal und manchmal nur ein Fenster breit, sind mit Blumen geschmückt und laden zum Verweilen ein. Wir begeben uns nun zum Eingang der **Peterskirche** auf der Westseite. Auf dem kleinen Platz vor dem Gotteshaus steht ein Denkmal von **Johann Peter Hebel**. Die Büste wurde 1899 von **Max Leu** geschaffen. Jedes Jahr am Geburtstag von Hebel wird sie liebevoll mit Blumen geschmückt. Hebel blickt auf den Petersplatz, den er sehr geliebt und bei seinem Besuch der Petersschule sicher oft aufgesucht hat. In der Peterskirche ist der kleine Johann Peter Hebel getauft worden. Wir können im Innern den schönen, gotischen Taufstein anschauen. Im Übrigen findet man in der Kirche herrliche Fresken aus dem 14. und 15. Jahrhundert, darunter den schönsten Engel von Basel (siehe Seite 41). Er ist in einer Grabnische der Familie Sinz-Münch in der Kapelle auf der Südseite des Chores zu entdecken. Das vornehme und zugleich zarte Gesicht des Engels Gabriel kann man nicht genug bestaunen. In der anderen Chorkapelle, auf der Nordseite, finden wir weitere Fresken und dazu die Grabtafel des bedeutenden Basler Buchdruckers **Johannes Froben**. Den Text hat **Erasmus von Rotterdam** verfasst. Er ist in drei Sprachen geschrieben: Deutsch, Griechisch und Hebräisch.

Vom Petersplatz bis zum Fischmarkt

Auf einem literarischen Rundgang wäre ein kleiner Abstecher zum Petersgraben Nr. 18/Ecke Hebelstrasse nicht abwegig. In diesem Haus des Stadtarztes **Felix Platter** hat im 16. Jahrhundert **Michel de Montaigne** geweilt. Der Garten von Felix Platter war eine besondere

Johann Peter Hebel (1760–1826), Denkmal vor der Peterskirche, geschaffen von Max Leu 1899.

Sehenswürdigkeit wegen der seltenen Pflanzen und den vielen, von Platter gezüchteten Orangenbäumchen. Unter anderem konnte man da auch die ersten Kanarienvögel in Basel betrachten. Montaigne hat bei seinem Besuch zum ersten Mal gesehen, dass man Pflanzen nicht nur abmalen, sondern auch zwischen Papier konservieren kann. Felix Platter hatte diese Kenntnisse bei seinem Studium in Montpellier kennen gelernt. Montaigne schreibt in seinem «Journal de voyage» mit folgenden begeisterten Worten vom Hause Felix Platters: «Nous y vismes la maison d'un médecin nommé Felix Platter, la plus pinte et enrichie de mignardise à la Française qu'il est possible de voir.»

Wir spazieren den Petersgraben wieder zurück bis zum Haus Nr. 31 (auf der hinteren Hausseite der Stiftsgasse Nr. 11). Hier wohnte im 13. Jahrhundert Ritter **Walther von Klingen**. Er war ein berühmter Minnesänger. Man findet von ihm acht Lieder in der manessischen Handschrift. Seine Gemahlin war eine Kusine von Rudolf von Habsburg, sodass Walther in hoher Gunst stand. In Basel kennt man Walther von Klingen vor allem als Stifter des nach ihm benannten Nonnenklosters im Kleinbasel.[39] Seine Frau und seine Töchter fanden dort ihre letzte Ruhestätte, während Walther von Klingen wahrscheinlich im Predigerkloster begraben worden ist.

Ein weiterer interessanter Wohnsitz ist ganz in der Nähe bei der **Stiftsgasse** Nr. 5 zu betrachten. Hier treffen wir auf einen der Wohnorte von **Hermann Hesse**, wo er vom Oktober 1901 bis zum Juli 1902 eingemietet war. Hesse hat schon als Kind fünf Jahre in Basel zugebracht, da sein Vater am Missionshaus als Herausgeber einer Zeitschrift und als Lehrer tätig war. Mit 22 Jahren zog es Hesse wieder nach Basel, und er blieb nochmals fünf Jahre in der Stadt, die er offensichtlich in besonderer Erinnerung hatte, schreibt er doch in einem Brief: «Denken Sie, nach Basel. Das ist ja meine Lieblingsstadt, meine Stadt der Städte und ausserdem die Heimat Jacob Burckhardts und Böcklins.»[40] Hesse hat an mehreren Orten in der Stadt gewohnt (siehe auch Rundgang am Rande der Altstadt). Seinen Lebensunterhalt verdiente er an der Freie Strasse und im Pfluggässlein, wo er im Antiquariat Wattenwyl arbeitete. Den Feierabend verbrachte er jedoch mit Vorliebe im Gasthaus «Helm» am Fischmarkt.

Um dorthin zu gelangen, spazieren wir wieder zur Chorpartie der Peterskirche und steigen die Treppe des **Totengässlein**s hinunter. Seinen Namen hat das Gässchen aus dem Mittelalter, weil man die Toten vom Tal zum Friedhof der Kirche heraufgetragen hat. Daran erinnert auch ein modernes Totentanz-Fresko, das **Ernst Georg Heussler** 1953 an der Fassade des Hauses Nr. 5 angebracht hat.

Gleich daneben, beim Totengässlein Nr. 3, dem «Haus zum Sessel», kann man tagsüber die Türe öffnen und in einen kleinen, verträumten Hof gelangen, der zum reizenden **Apothekermuseum** führt. An der Stelle des Museums befand sich einst die berühmte Buchdruckerei des **Johannes Froben**. Davon ist noch eine kleine Kapelle erhalten, die innerhalb des Museums zu besichtigen ist (Eintritt frei). Viele bedeutende Humanisten sind hier ein und aus gegangen, unter anderen **Erasmus von Rotterdam** in den Jahren 1514–1516 und 1521–1529, als er seine Werke bei Froben drucken liess. Froben war der berühmteste aller Drucker, mit ihm wurde Basel zum führenden Druck- und Verlagsort Europas. Er verlegte grundsätzlich nur bedeutende Werke, und als einer der ersten hatte Froben sich auch hebräische Typen besorgt. Seine Offizin war recht eigentlich ein Treffpunkt der vielen Humanisten. Mittelpunkt war Erasmus von Rotterdam, um ihn drehte sich der illustre Kreis, der sich im «Haus zum Sessel» zusammenfand. Als Korrektoren beschäftigte Froben **Beatus Rhenanus** (den Erasmus später als sein Alter ego bezeichnete und ihm auch ein Werk widmete), **Pellicanus**, **Capito**, dazu gesellten sich auch **Glareanus**, **Holbein**, **Myconius** und die drei Brüder **Amerbach**. Welch geistreiche Gespräche wurden da wohl geführt! Eine Ahnung davon erhält man beim Lesen der «Colloquia familiaria», einer Art Formelsammlung für gebildete Gespräche, die Erasmus für zwei Kaufmannssöhne in Lübeck verfasst hat. Die endgültige Fassung wurde schliesslich bei Froben herausgegeben. Den Ruhm des Werkes haben die Leser weitergetragen, unter ihnen Montaigne, Shakespeare und Cervantes! **Erasmus von Rotterdam** hat ein unglaublich reiches Œuvre hinterlassen. Allein schon die Hieronymus-Ausgabe und der Erstdruck des Neuen Testamentes auf Griechisch mit neuer lateinischer Übersetzung hätten ein Lebenswerk ausmachen können, dabei hat er diese Werke in der unwahrscheinlich kurzen Zeit von nur eineinhalb Jahren geschrieben! Weitere Ausgaben von Kirchenvätern folgten (allein zehn Bände Augustinus), und schliesslich sind erst noch mehr als 2200 Briefe von ihm erhalten. Die für ihn wenig erfreulichen, ja enttäuschenden Jahre der Reformation verbrachte Erasmus in Freiburg i.Br., während denen er aber trotzdem Werke in der Stadt Basel drucken liess. Die letzten Monate seines Lebens weilte er wieder in Basel, wo er 1536 starb und im Münster bestattet wurde.

Bei der Einmündung des Totengässchens in die **Stadthausgasse** wenden wir uns nach links, um zum **Fischmarkt** zu gelangen. An diesem Platz stand einst der bereits erwähnte, von **Hermann Hesse** bevorzugte Gasthof «Helm», der als «Stahlhelm» Eingang in die Literatur gefunden hat, nämlich in seinem Werk «Der Steppenwolf»: «In solcher Stimmung also beschloss ich diesen leidlichen Dutzendtag bei einbrechender Dunkelheit. Ich beschloss ihn nicht auf die für einen etwas leidenden Mann normale und bekömmliche Weise, indem ich mich von dem bereitstehenden und mit einer Wärmeflasche als Köder versehenen Bett einfangen liess, sondern indem ich unbefriedigt und angeekelt von meinem bisschen Tagewerk voll Missmut meine Schuhe anzog, in den Mantel schlüpfte und mich bei Finsternis und Nebel in die Stadt begab, um im Gasthaus zum Stahlhelm das zu trinken, was trinkende Männer nach einer alten Konvention ‹ein Gläschen Wein› nennen.»[41] Heute finden Sie an Stelle des «Helms» ein Damenkleidergeschäft.

Finsternis und Nebel beschreibt ebenfalls ein anderer bedeutender Dichter vom Fischmarkt, der im «Storchen» übernachtet hat. Auch Hesse hat des öftern im «Storchen» geweilt, vor allem zum Billard spielen, wohl nicht ahnend, dass hundert Jahre früher **Heinrich von Kleist** in diesem altehrwürdigen Gasthof abgestiegen ist (heute steht leider ein Neubau an dieser Stelle). Zusammen mit dem Maler Lohse kam Kleist 1801 von Paris via Frankfurt und Heidelberg nach Basel, um den Privatdozenten und Theaterdichter Heinrich Zschokke zu treffen. Beim St. Johannstor ist Kleist in die Stadt eingereist, denn im Rapport des Torschreibers findet man ihn unter dem 13. Oktober 1801 eingetragen: «Cit(oyens) Kleist / Lohse = Mahler de paris – gestrent Nachts nach dem Rapport ankommen».[42] Kleist und Lohse sind also nach Torschluss eingetroffen und wurden deshalb gewissenhaft kontrolliert und aufgeschrieben. Als Absteigequartier nennt Kleist den gut geführten Gasthof «zum Storken» an der Stadthausgasse. Kleist als Maler zu bezeichnen ist wohl der Einfachheit halber geschehen, denn Lohse war Maler. Kleist weilte nahezu zwei Wochen in Basel, obwohl er Zschokke nicht antraf. In dieser Zeit hat Kleist die Bibliothek der Universität und die Bilder Holbeins im Haus «zur Mücke» besichtigt, denn dort findet man seinen Namen im Fremdenbuch verzeichnet. Seiner Schwester Ulrike schreibt er am 16. Dezember einen Brief und schildert darin seine Eindrücke: «Von hier aus giengen wir nach Basel. Es war eine finstre Nacht, als ich in das neue Vaterland trat. Ein stiller Landregen fiel überall nieder. Ich suchte Sterne in den Wolken und dachte mancherlei. Denn Nahes und Fernes, Alles war so dunkel. Mir war's, wie ein Eintritt in ein andres Leben. – Diese Stadt ist sehr still, man könnte fast sagen öde. Der Schnee liegt überall auf den Bergen, und die Natur sieht hier aus wie eine 80jährige Frau. Doch sieht man ihr an, dass sie in ihrer Jugend wohl schön gewesen sein mag. – Zuweilen stehe ich auf der Rheinbrücke und es ist erfreulich zu sehen, wie dieser Strom schon an seinem Beginnen so mächtig anfängt …»[43]

Von Basel reiste Kleist weiter nach Liestal. Mit Basel hat er weiter nichts mehr zu tun gehabt. Aber er erinnert sich der Stadt in seinen «Erzählungen», zwei Bändchen, die 1810 und 1811 kurz vor seinem Lebensende erschienen sind. Und «Der Zweikampf» spielt in Basel, wenn auch einige fantasievolle Gebäude genannt werden, zum Beispiel ein Kaiserschloss. Dafür fehlen das Münster und das Rathaus, und auch der Rhein wird nirgends erwähnt.[44]

Von der Schifflände zur Augustinergasse

Den Blick auf den Rhein wollen wir nun nachvollziehen und spazieren deshalb dem Tramgeleise nach zur Schifflände. Hier stand früher ein weiterer interessanter Gasthof, der **Fjodor Michailowitsch Dostojewsky** zum Übernachten gedient hat. Es war das Hotel «Tête d'Or», in welchem Dostojewsky zusammen mit seiner Frau Anna Grigorjewna im August 1867 auf der Hochzeitsreise nach Genf Station machte. Trotz eines schönen Blickes auf den Rhein, hat die Stadt Basel Anna Grigorjewna gar nicht gefallen, sie konstatiert in ihrem Tagebuch «… greuliche Stille und Langeweile». Nur das Rathaus fand ihren Gefallen und die (damals ganz neuen!) Münsterscheiben. Dostojewsky selbst machte im Münster nur die Kanzel einen gewissen Eindruck als «das einzig schöne Stück der ganzen Kirche»[45]. Hingegen war er restlos hingerissen vom Bildnis des «Toten Christus» von **Holbein d.J.** Der Besuch des Museums war der Grund seines Aufenthaltes in Basel, denn er hatte davon in den «Briefen eines russischen Reisenden» des Historikers und Literaten **Nikolaj Karamsin** (1766–1826) gelesen. Dort werden die Schätze des Museums ausführlich beschrieben. Anna Grigorjewna schildert in ihrem Tagebuch, dass Dostojewski extra auf einen Stuhl gestiegen sei, um das Bildnis des «Toten Christus» näher zu betrachten, «… so dass ich in heller Angst war, er werde Strafe zahlen müssen; denn hier muss man fortwährend Strafe zahlen …» Im folgenden Jahr verarbeitete Dostojewsky seine Eindrücke in einem seiner literarischen Werke, in «Der Idiot». Das Bild hat im Roman nicht nur eine symbolische Funktion, sondern auch eine theologische, in dem die Frage nach der Existenz Gottes aufgeworfen wird. Auch die Stadt selbst findet als Schauplatzkulisse eine besondere Erwähnung im Roman: «Aus dieser Dunkelheit (…) erwachte ich eines Abends – es war in Basel, als wir in der Schweiz angelangt waren – und was mich weckte, war der Schrei eines Esels auf dem Marktplatz. Dieser Esel frappierte mich ungeheuer: er gefiel mir aus irgendeinem Grunde über alle Massen. Und im selben Augenblick wurde es gleichsam hell in mir, und die Dunkelheit verschwand … Durch diesen Esel aber begann mir von Stund an die ganze Schweiz zu gefallen, und so verging meine frühere Traurigkeit.»[46]

Keinen Esel, dafür aber ein von einer Amazone geführtes Pferd findet man am Brückenkopf. Diese Skulptur stammt vom Basler **Carl Burckhardt** (1878–1923), der nicht nur viele künstlerische Spuren hinterlassen hat (z. B. die beiden grossen Brunnenfiguren vor dem Badischen Bahnhof), sondern auch kunstpolitisch tätig war. Er gehörte zu den Gründern des **Basler Kunstkredit**s, dem seither die Pflege zeitgenössischer Kunst als staatspolitische Aufgabe zugedacht ist.

Überqueren Sie nun die Tramgeleise und steigen Sie den malerischen **Rheinsprung** hoch, vorbei an schönen Fachwerkhäuschen des Mittelalters bis zum köstlichen Gemälde der Gänseliesel vom Basler Künstler **Samuel Buri** (1977 durch den erwähnten Basler Kunstkredit entstanden) auf der linken Seite. Anschliessend gelangt man zu einem grossen gelb gestrichenen Gebäude. Es ist die altehrwürdige **Universität**, die bereits 1460 gegründet worden ist und viele berühmte Professoren gesehen hat: **Paracelsus**, **Glareanus**, **Jaspers**, **Nietzsche**, **Jacob Burckhardt** und viele mehr. Die Mauern stehen zum Glück immer noch, das Gebäude wurde im 19. Jahrhundert leicht verändert, das heisst vergrössert. Heute befindet sich das Zoologische Institut darin. Unter den zahlreichen Zuhörern der Vorlesungen von **Jacob Burckhardt** sass nicht nur **Nietzsche**, sondern auch der Dichter und Nobelpreisträger **Carl Spitteler**. Von ihm lesen wir die schönen Worte: «Wenn wir in der Basler Universität vor diesem Lehrer sassen, oben über dem rauschenden Rheinstrom, so war uns zu Mute, als ob die Geister der verwichenen Menschengeschlechter mit den Wellen vorüberzögen …»[47]

Das Archivgässlein, welches nach rechts abzweigt, führt uns nun zur **Martinskirche.** Über eines der zahlreichen Konzerte, die in dieser Kirche abgehalten worden sind, finden wir sogar ein Zitat in der Literatur: In seinem «Doktor Faustus» lässt **Thomas Mann** den deutschen Tonsetzer Adrian Leverkühn eine Bildungsreise machen: «… eine Reise nach Basel, die er in Gesellschaft seines Lehrers Kretzschmar zur Teilnahme an Aufführungen sakraler Musik des Barock unternahm, die der Basler Kammerchor in der Martinskirche veranstaltete, und bei denen Kretzschmar den Orgelpart versehen sollte. Man hörte Monteverdis Magnificat, Orgelstudien von Frescobaldi, ein Oratorium von Carissimi und eine Cantate Buxtehudes. Der Eindruck dieser ‹Musica riservata› auf Leverkühn … war sehr stark und nachhaltig».[48] Ein Konzert mit genau diesem Programm hat tatsächlich stattgefunden, allerdings erst 1943 – der «Doktor Faustus» spielt aber zwischen 1906 und 1910 und den Basler Kammerchor gab es zu jener Zeit noch gar nicht! Thomas Mann weilte nicht nur auf der Durchreise in Basel (1933 im Hotel Drei Könige), sondern er zog damals ernsthaft in Betracht, nach Basel zu ziehen. Er liess sich Wohnungsangebote kommen und besichtigte auch einige Häuser. Aber die Nähe der Grenze von Deutschland liessen ihn seine Pläne ändern. Sein Exil bezog er nicht in Basel, sondern im fernen Amerika. Mehrmals hat er Basel wieder einen Besuch abgestattet: 1934 beim Auftritt seiner Tochter Erika Mann mit dem Kabarett «Pfeffermühle» im Gambrinus an der Falknerstrasse, und nach dem Krieg finden wir Thomas Mann bei Lesungen im Münstersaal des Bischofshofs, im Casino und im Stadttheater.

An der **Martinsgasse** trifft man rechter Hand gleich auf das Gebäude des **Staatsarchiv**s. Treten Sie ein in den Hof und betrachten Sie, an der Wand eines an einen Kreuzgang erinnernden Gebäudeteils, die in Farbe und Ausführung sehr eindrücklichen Wandgemälde von **Heinrich Altherr** (1878–1947), die er im Auftrag des Basler Kunstkredits geschaffen hat. In den Schreckensjahren des Krieges in dunklen Farben gemalt, sind sie ein ergreifendes Zeitdokument: «Der Standhafte» (1942), «Der Lichtbringer» (1943/44) mit dem brennenden Basler Münster und «Wanderer auf der Rast» (1944–1946) lassen die Ereignisse jener dunklen Zeit aufleben, und man versteht nun auch, warum über dem Brunnen zwischen den Fresken **Hölderlin**s Verse stehen:
«Nicht in der Blüt und Purpurtraub
Quillt heilige Kraft allein.
Es nährt das Leben vom Leide sich.»

Auf der anderen Strassenseite stehen zwei Prachtsbauten im barocken Stil, das Blaue und das Weisse Haus. Bei unserem Rundgang auf Spuren von Dichtern und Schriftstellern interessiert vor allem das **Weisse Haus**, eigentlich Wendelstorferhof geheissen, dessen Hof mit einem mächtigen Portal aus Holz diskret verschlossen ist. Beherrschende Figur der baslerischen Literaturszene im 18. Jahrhundert war **Jakob Sarasin-Battier**, der in diesem eindrucksvollen Palais wohnte. Bei ihm verkehrten die grossen Geister seiner Zeit: der in Colmar lebende blinde Dichter **Gottlieb Conrad Pfeffel**, **Lerse**, dem **Goethe** im «Götz von Berlichingen» ein Denkmal gesetzt hat, der unglückliche **Jakob Michael Lenz**, der nach einem Streit mit Goethe Weimar verlassen musste und hier 1777 Zuflucht suchte (ihm hat Büchner ein literarisches Denkmal gesetzt), und schliesslich waren **Johann Caspar Lavater** sowie auch **Heinrich Pestalozzi** gern und oft gesehene Gäste in diesem Haus. Jakob Sarasin war ein belesener Herr, aufgeschlossen und sehr interessiert an neuen Gedanken und Richtungen. Ein überaus ge-

schätzter Gast war auch der berühmt-berüchtigte Wunderarzt **Graf Alessandro Caliostro**, der Sarasins Frau von einer langwierigen Krankheit geheilt hatte. Aus grosser Dankbarkeit weilte darauf der illustre Gast viele Wochen im Weissen Haus. Ein besonderer Raum im zweiten Stock wurde auch extra für die Versammlungen seiner «Ägyptischen Loge» umgestaltet, mit schwarzen Vorhängen verdunkelt und kostbaren Perserteppichen geschmückt. Auch **Goethe** fand die Gestalt des Caliostro so faszinierend, dass er über ihn ein Lustspiel «Der Grosse Cophta» schrieb. Darin charakterisiert er den Wunderarzt mit folgenden aufschlussreichen Worten: «Er ist immer ein merkwürdiger Mensch. Und doch sind Narr mit Kraft und Lump so nah verwandt.»[49]
Im Erdgeschoss des prachtvollen Hauses befindet sich ein mit schönsten Stuckaturen ausgestatteter Raum, in welchem Herr Sarasin die genannten Persönlichkeiten empfangen hat. Mit einer hübschen Perücke angetan, sind die Herren wohl über die Schwelle des Hauses geschritten und vom Hausherrn gebührend empfangen worden. **Pfeffel** hat Sarasin im Jahre 1777 auch ein kleines Gedicht gewidmet:
«Bathyll, ein kleiner Schäfer,
fing einen Maienkäfer,
band ihn an eine Schnur
und rief: ‹Flieg auf, mein Tierchen,
du hast ein langes Schnürchen
an deinem Fuss – versuch es nur!›
‹Nein›, sprach er, ‹lass mich liegen:
Was hilft's, am Faden fliegen?
Nein, lieber gar nicht frei!›»[50]
Goethe scheint bei seinen Basler Aufenthalten keinen Besuch bei Jakob Sarasin gemacht zu haben. Vermutlich ist er aber an dessen Haus vorbeigegangen auf dem Weg vom Hotel Drei Könige zum Münsterplatz. Ob er ahnte, dass er sich dabei auf den Spuren von Doktor **Faust** befand? Nach Berichten von Johannes Gast, Pfarrer zu St. Martin, hat sich Faust nämlich im «Oberen Collegium» an der **Augustinergasse** aufgehalten! Wir spazieren dorthin, indem wir der Martinsgasse weiter folgen, bis sie in die Augustinergasse einmündet. An der Stelle des «Oberen Collegiums» steht heute allerdings ein Museum, ein grosser klassizistischer Bau, gelb gestrichen, mit einer eindrücklichen Fassade. Pfarrer Johannes Gast beschreibt seine persönliche Begegnung mit Faust folgendermassen:
«Als ich zu Basel mit Faust im Obern Collegium speiste, gab er dem Koch Vögel verschiedener Art, von denen ich nicht wusste, wo er sie gekauft oder wer sie ihm gegeben hatte, da in Basel damals keine ver-

kauft wurden. Und zwar waren es Vögel, wie ich keine in unserer Gegend gesehen habe. Er hatte einen Hund und ein Pferd bei sich, die, wie ich glaube, Teufel waren, da sie alles verrichten konnten. Einige sagten mir, der Hund habe zuweilen die Gestalt eines Dieners angenommen und ihm Speise gebracht.»[51] Während Doktor Faust in Staufen im Jahre 1540 von Mephisto geholt worden ist, lebte Pfarrer Gast noch bis ins Jahr 1552. Von ihm besitzt man mit diesem Bericht das älteste Zeugnis für das Auftreten des historischen Faust und auch von dessen Tod: «Der Elende endete auf schreckliche Weise, denn der Teufel erwürgte ihn; seine Leiche lag auf der Bahre immer auf dem Gesicht, obgleich man sie fünfmal umdrehte»[52], meldete er. Auch in zahlreichen anderen Berichten ist festgehalten, dass **Faust** in Basel geweilt hat, unter anderem in der «Historia von Johann Fausten», die 1587 in Frankfurt erschienen ist. «Von Strassburg kam Doktor Faust nach Basel in die Schweiz, wo der Rhein schier mitten durch die Stadt rinnet …», heisst es dort.

Augustinergasse Nr. 1. Hier wohnte Sebastian Brant (links der Augustinerbrunnen mit Basilisk, 1530).

Die **Augustinergasse** bildet auch sonst einen besonderen Schwerpunkt unseres literarischen Rundganges: Gleich beim Basilisken-Brunnen steht das Haus Nr. 1, in dem **Sebastian Brant** gewohnt hat. Als etwa 18-Jähriger kam er 1475 nach Basel, um an der Universität zu studieren. Den Doktortitel des römischen und kanonischen Rechts erwarb er 1489. Vier Jahre zuvor hatte er Elisabeth Bürgi geheiratet, eine Tochter des Zunftmeisters der Messerschmiede. Mit ihr hatte er bald sechs Kinder zu versorgen. Brant wurde Dekan der juristischen Fakultät und liess auch verschiedene Werke, meist populäre Schriften über Rechtsfragen, drucken. 1494 brachte er dann ein Werk heraus, das ihn mit einem Schlag zum erfolgreichsten Autoren seiner Zeit machte: «Das Narrenschiff». Es war das erste gedruckte Werk, in dem Text und Bild eine ergänzende Einheit bildeten. Dadurch wurde ein breites Publikum angesprochen. Selbst Analphabeten konnten sich an den Bildern ergötzen. Einige Holzschnitte sind von **Albrecht Dürer** geschaffen worden, der auf seiner Wanderschaft in jenen Jahren nach Basel gekommen war. «Das Narrenschiff» wurde sofort ins Lateinische, Französische, Englische, Plattdeutsche und Niederländische übersetzt und noch während 150 Jahren immer wieder neu aufgelegt und gelesen. Es ist nicht unbedingt ein humoristisches Buch, wie man aus dem Titel schliessen könnte, es muss eher als erzieherisches Werk angesehen werden, wenn auch die Zeichnungen vor Spott triefen und manch ein Schmunzeln hervorrufen. In über 100 Bildern und Versen werden die verschiedenen Narreteien aufs Korn genommen: Schwatzen, Tanzen, Eigensinn, Völlerei und so fort. Zu denken geben die Verse, die gleich zu Beginn dem Büchernarren in den Mund gelegt werden, denn man fragt sich, ob das wohl den Beobachtungen Brants in der Stadt Basel entsprochen hat:

«Den Vortanz hat man mir getan,
weil ich ohn Nutz viel Bücher han,
die ich nit lies und nit verstan.»[53]

Als die Stadt Basel 1501 der Eidgenossenschaft beitrat, verliess Sebastian Brant den Ort, in dem er so lange gelebt hatte und zog nach Strassburg.[54] Eine kleine Erinnerungstafel an den bedeutenden Bewohner wurde kürzlich an der Wand des Hauses angebracht. Brant hatte übrigens 1489 auch das Nachbargebäude gekauft. Fünfhundert Jahre später wohnte darin wieder ein berühmter Schriftsteller: **Rolf Hochhuth**. An der Augustinergasse Nr. 9 muss man auf dem literarischen Rundgang ebenfalls einen kurzen Halt einschalten und dabei an einen Mann denken, dem Basel eine besondere literarische Kostbarkeit zu verdanken hat: **Jacob Clauser**. Er handelte oft im Auftrag des grossen Sammlers **Basilius Amerbach** und kaufte für diesen zahlreiche Kunstgegenstände für das **Amerbach-Kabinett**. Dieses befand sich im Haus «zum Kayserstuhl» an der Rheingasse im Kleinbasel und war eine Sehenswürdigkeit ersten Ranges im 16. Jahrhundert. «Ich habe mit dem weinfrohen Stadtschreiber tüchtig zechen müssen, bis er mir das Büchlein aushändigte»[55], berichtet Clauser in einem Brief an Amerbach. Die Rede ist von **Erasmus'** «Das Lob der Torheit», einem Exemplar, das mit köstlichen Randzeichnungen von Holbein versehen war und das Clauser schliesslich trotz der oben erwähnten Schwierigkeiten für seinen Auftraggeber erwerben konnte. Heute gehört das Büchlein zu den besonderen Kostbarkeiten des Basler Kupferstichkabinetts. Die grossartige Sammlung des Amerbach-Kabinetts wurde 1662 von der Stadt Basel den Nachkommen der Familie für die stattliche Summe von 9000 Talern abgekauft und der Öffentlichkeit im Haus «zur Mücke» am Münsterplatz zugänglich gemacht. Es war eine mutige und weitblickende Tat, denn das Amerbach-Kabinett bildet den Grundstein zu den bedeutenden Basler Museen. Einige Zeit war die Sammlung an der Augustinergasse zu besichtigen, nämlich im stattlichen, gelb gestrichenen Bau des heutigen Museums der Kulturen. Hier hat Dostowjesky den «Toten Christus» von Holbein betrachtet.

Ein weiterer, sehr berühmter Bewohner dieser Gasse war **Konrad von Würzburg**, der viele Jahre (von etwa 1260 bis zu seinem Tode 1287) hier gelebt hat. Sie trug damals noch den Namen Spiegelgasse und galt als vornehme Wohngegend, so nahe beim Münsterplatz. Konrad von Würzburg war einer der bedeutendsten Dichter deutscher Sprache im Mittelalter. Sein Bild in der Manessischen Liederhandschrift zeigt ihn auf einem Stuhl sitzend, wie er einem Schreiber diktiert.[56] Als Dichter beherrschte Konrad von Würzburg alle damals gängigen literarischen Formen, und auch die grosse Vielfältigkeit seiner Themen zeigt, dass er eine herausragende poetische Begabung besessen haben muss. Er verfasste über 85 000 Verse! Auftraggeber waren hohe geistliche Würdenträger und reiche und mächtige Herren der Stadt und der Umgebung. Basel war mit Konrad von Würzburg in der zweiten Hälfte des 13. Jahrhunderts zu einem literarischen Zentrum geworden. Zur selben Zeit weilte auch der Minnesänger **Walther von Klingen** in Basel! Am 31. August 1287 ist Konrad von Würzburg gestorben: «Es starb Konrad von Würzburg, der Verfasser vieler guter Dichtungen in deutscher Sprache»[57], heisst es in den Kolmarer Annalen jenes Jahres, und auch in den Strassburger Annalen wird er erwähnt. Das ist vorher noch keinem deutschen Dichter widerfahren. Mit der Zahl seiner Werke und der erstaunlichen Formengewandtheit, mit der er alle höfischen Gattungen pflegte, und mit seiner ausserordentlichen Produktivität steht er einzigartig da unter den mittelhochdeutschen Dichtern. Konrad von Würzburgs Ruhm währte noch zweihundert Jahre über seinen Tod hinaus, danach gerieten seine Werke mehr und mehr in Vergessenheit.

Die an Literatur interessierten Basler denken in diesem Strassenzug gerne auch an den Basler Dichter und Hebelforscher **Fritz Liebrich** (1879–1936), der in der Augustinergasse Nr. 15 gewohnt hat. Wir haben beim Totentanz von ihm gehört. Schliesslich darf noch erwähnt werden, dass **Jeremias Gotthelf** im Haus «zur hohen Tanne» (Nr. 21) übernachtet hat. Jeremias Gotthelf (1797–1854) lässt in seinem Roman «Jakobs des Handwerksgesellen Wanderungen durch die Schweiz» die Hauptfigur Jakob auch nach Basel wandern. Dem Dichter erscheint Basel wegen der Grenznähe als «Pulsader Europas»! Unter anderem steht da: «Wenn Basel nach der Zahl der Einwohner zu den kleinen Städten gehört, so trägt es doch das Gepräge einer grossen, auf der europäischen Völkerwaage bedeutend ins Gewicht fallenden Stadt und macht auf alle Fremdlinge, welche zu seinen Toren aus- und eingehen, diesen Eindruck.»[58]

Vom Münsterplatz zur St. Alban-Vorstadt

Nun führt unser Weg weiter zum **Münsterplatz**. Auf der linken Seite finden wir gleich das Haus Nr. 2 «zur St. Johanns-Capelle». Der Name erinnert an eine mittelalterliche Taufkapelle, die 1842 dem jetzigen Bau weichen musste. Das Haus wurde Mitte des 19. Jahrhunderts von **Johann Jakob Bachofen** bewohnt, der als Erforscher des Mutterrechts bis in unsere Tage besonders hervorgehoben wird. **Friedrich Nietzsche** ist oft und gerne bei ihm ein und aus gegangen. Bachofen hat sein berühmtestes Werk «Mutterrecht» 1861 herausgegeben. Seine Forschungen über das Mutterrecht als Kennzeichen einer Epoche, die der Antike mit dem Vaterrecht vorausging, sind längst in die heutige feministische Literatur eingeflossen.

An der Ecke gegenüber mündet der **Schlüsselberg** in den Münsterplatz. Vom grossen Haus im Hintergrund, mit dem imposanten Dach und dem reich verzierten Portal, dem Haus Nr. 14 «zur Mücke», wurde bereits bei den anderen Rundgängen berichtet. Hier befand sich das erwähnte **Amerbach-Kabinett**, das vom Kleinbasel hierher transferiert worden ist. Die zahlreichen Holbein-Bilder und die kostbare Bibliothek der Universität wurden von allen fremden Besuchern aufgesucht und bewundert. Das Fremdenbuch verzeichnet die schon genannten Namen **Goethe**, **Kleist**, **Lavater** und **Pfeffel**, aber auch Kaiser und Könige und weitere hochgestellte Persönlichkeiten, wie zum Beispiel **Wilhelm von Humboldt** und **Madame de Staël**. Die Eintragungen beginnen 1664 und enden im Jahre 1822. Im Laufe der Zeit hat das Gebäude einige Veränderungen über sich ergehen lassen müssen, aber man kann sich vorstellen, wie durch das prachtvolle Portal die berühmten Persönlichkeiten geschritten sind und sich ins Fremdenbuch eingetragen haben.

Das Haus Nr. 16 am Münsterplatz, Reischacherhof oder «zum Isaak» genannt, ist unser nächstes Ziel: **Isaak Iselin** (1728–1782), Ratsschreiber und Gründer der Gesellschaft des Guten und Gemeinnützigen, hat hier mit seiner Familie gewohnt. Er hatte durch seine grossen Interessen an pädagogischen Fragen regen Kontakt mit vielen Geistesgrössen und Gleichgesinnten seiner Zeit, besonders mit **Pestalozzi** und **Lavater**. Auf Lavaters spezielle Empfehlung besuchte **Goethe** bei seinem ersten Aufenthalt in Basel Iselin, und zwar gleich zweimal. Iselins Eindruck von Goethe klingt folgendermassen: «Es hat mir viel Freude gemacht, Goethe zu sehen. Ich bewundere das Genie dieses Mannes im höchsten Grade, obwohl ich den Gebrauch gar nicht liebe, den er davon macht.»[59] Die Lektüre von Iselins Büchern ist heutzutage nicht ganz einfach – im 18. Jahrhundert galt er aber als ausgezeichneter Autor. Iselin hat auch selbst unglaublich viel gelesen. Aus seiner Jugendzeit wird berichtet, er hätte überall gelesen, auch im Stehen und beim Spazieren, ja selbst in der Kirche! Und seinen neun Kindern las er jeden Abend aus der Ilias, Odyssee, dem Don Quichote oder Robinson vor – auch den Mädchen!

Heutzutage wird leider nur noch selten den Kindern vorgelesen. Hingegen lockt das **Basler Marionetten-Theater** Mädchen wie Knaben an den Münsterplatz. Auf der gegenüberliegenden Seite, etwas versteckt hinter den Bäumen, ist das Theater im romantischen Zehntenkeller zu finden. Auch Erwachsene kommen hier auf ihre Rechnung, zum Beispiel mit bezaubernden Aufführungen von Goethes «Faust» (siehe Seite 75) oder Lessings «Nathan der Weise».

Wir bleiben beim Haus des Isaak Iselin, betreten – durch das Hoftor hindurch gehend – einen Hof und erblicken nun die Gebäude, in denen das älteste Gymnasium der Stadt untergebracht ist, das Gymnasium am Münster (früher Humanistisches Gymnasium genannt). Einer der berühmtesten Rektoren dieser Institution war **Thomas Platter** (1499–1582). Beim Lesen seiner von ihm persönlich verfassten Lebensgeschichte ist man versucht an ein Märchen zu glauben: In Grächen, einem Bergdorf im Wallis geboren, hütete er als kleiner Bub die Ziegen und Kühe, brachte es aber im Laufe seines Lebens mit viel

Fleiss und Zähigkeit nicht nur zur Stellung des Rektors dieses Gymnasiums, sondern zum angesehenen Druckerherrn und Besitzer dreier Häuser an der Freie Strasse (Nr. 90/92, heute Freiehof) und eines Landgutes. Seine Autobiografie gehört zu den frühesten deutschsprachigen Lebensgeschichten, die geschrieben wurden (1572), und liest sich auch heute noch mit Spannung. Linker Hand an der Mauer mit dem kleinen Brunnentrog finden wir ein modernes Kunstwerk von **Manfred Cuny**, das Thomas Platter im Gespräch mit einem Schüler darstellt. Es ist am ehemaligen Fenster des Rektorates angebracht, welches 1990 zugemauert wurde.

Ein Schüler von Thomas Platter war – wenn auch zähneknirschend, da er immer wieder Prügel bezog – **Christian Wurstisen**. Dort, wo der **Münsterberg** in den Münsterplatz einmündet, werden die Basler gerne einen Gruss an diesen Mann schicken, der am steilen Berg gewohnt hat. Heute befindet sich an Stelle seines Wohnhauses die Einfahrt zu einem Kaufhaus (Nr. 9). Als Verfasser einer 660 Seiten starken «Baszler Chronick» (1580 gedruckt) wird er heute als «Vater der baslerischen Geschichtsschreibung» verehrt. Sein Andenken wird hochgehalten – seine Chronik gehört zu den Kostbarkeiten einer Basler Bibliothek und ist «gleichsam als Hausbibel baslerischer Geschichtskenntnis in jedem Basler Haus zu finden» (Walter Kaegi).

Im Falkensteinerhof, Münsterplatz Nr. 11, finden wir gleich die nächste Geistesgrösse des 16. Jahrhunderts. Hier hat **Sebastian Münster** 23 Jahre lang gewohnt (1529 bis zu seinem Tod 1552). Als Professor für die hebräische Sprache an der Universität Basel übte er eine grosse Anziehungskraft aus. Von überall her strömten die Studenten zu seinen Vorlesungen am Rheinsprung, auch **Calvin** zählte zu seinen Schülern (1535). Zahlreiche Ausgaben und Übersetzungen der rabbinischen Literatur sowie ein aramäisches Wörterbuch und eine aramäische Grammatik sind von ihm in Basel erschienen. Münster heiratete eine Baslerin, die Witwe des Buchdruckers Adam Petri. Mit seinem Stiefsohn **Henric Petri** verbanden ihn auch geschäftliche Beziehungen. In dessen Offizin erschien 1544 Münsters berühmtestes Werk, die «Cosmographia», eines der meistverbreiteten und begehrtesten Bücher jener Zeit. Er versuchte darin die verschiedenen Länder darzustellen und zu beschreiben, einerseits nach eigenen Kenntnissen, andererseits mit Hilfe vieler Berichte von Gelehrten, Behörden und Landesherren. Dass sich dadurch in seinem Werk auch einige falsche Meinungen eingeschlichen haben, kann nicht verwundern. Es führte sogar dazu, dass die Bewohner des Bündnerlandes heftig protestieren mussten gegen die Behauptung, sie «sygend grösser Dieb denn die Ziginner»! Am Rande sei ver-

«Von Strassburg kam Doktor Faust nach Basel ...» (Historia von Johann Faust 1587).
«Doktor Faust» – eine Aufführung vom Basler Marionetten-Theater.

merkt, dass Münsters berühmtes Werk selbst in der heutigen Zeit das Interesse vieler Leser gefunden hat, nämlich wegen einer Detektivgeschichte von **Dorothy L. Sayers** (The Dragon's Head). Dort findet sich die Lösung der spannenden Geschichte – in Münsters «Cosmographia»![60]

Die Besichtigung des Basler Münsters stand auch früher bei jedem auswärtigen Besucher auf dem Programm. Einem berühmten Dichter hat es aber zumindest anfänglich bei seinem Besuch in Basel im Jahre 1839 gar nicht gefallen: **Victor Hugo**. Damals war das ganze Münster noch von oben bis unten mit einer roten Ölfarbe angestrichen. Das hat Victor Hugo zu folgenden Äusserungen veranlasst: «Au premier abord, la cathédrale de Bâle choque et indigne. Premièrement, elle n'a plus de vitraux, deuxièmement, elle est badigeonnée en gros rouge, non seulement à l'intérieur, ce qui est de droit, mais à l'extérieur, ce qui est infâme; et cela, depuis le pavé de la place jusqu'à la pointe des clochers, si bien que les deux flèches, que l'architecte du quinzième siècle avait faites charmantes, ont l'air maintenant de deux carottes sculptées à jour.»[61] Die rote Farbe, die Victor Hugo dazu bewegte, bei den Türmen an zwei Karotten zu denken, ist vor 100 Jahren entfernt worden. Seither freuen wir uns an dem warmen Ton des roten Sandsteins, vor allem in den Abendstunden, wenn das Sonnenlicht die Westfassade besonders schön erstrahlen lässt. Allerdings sind die Steine nun ungeschützt der verschmutzten Luft ausgesetzt.

Der Besuch beim Grab von **Erasmus von Rotterdam** im Münster (nördliches Seitenschiff) gehört natürlich zu einem literarischen Rundgang. Vom Erstdruck des Neuen Testamentes in griechischer Sprache, welches in Basel erschienen ist, haben wir schon gehört, auch von seinem «Lob der Torheit». Deshalb soll ein kleiner Ausschnitt eines anderen, heute immer noch erstaunlich aktuellen Werkes hier angeführt werden. In «Die Klage des Friedens» («Querela Pacis», 1517 bei Froben gedruckt), dessen Titelbild mit einem Holzschnitt von **Holbein** geschmückt ist, schreibt Erasmus eindrücklich: «Die höchste Ehrung sollte denen zuteil werden, die Krieg verhindern, die mit Verstand und ihrem Rat eine Eintracht wiederherzustellen vermögen. Schliesslich müsste mit allen Mitteln darauf hingearbeitet werden, nicht, dass die grösste Streitmacht und Waffengewalt ausgerüstet werde, sondern dass man diese nicht nötig hätte.»[62]

In den Jahren 1431–1448 fand in Basel ein Konzil statt. Zur «Hauptstadt des Abendlandes» geworden, beherbergte Basel illustre Gäste aus Kirche und Politik. Eines der erklärten Ziele des Konzils war, eine Versöhnung mit den Hussiten zu Stande zu bringen. In **Franz Werfel**s Stück

«Das Reich Gottes in Böhmen» spielt der Mittelteil in Basel. Darin lässt Werfel den frommen Konzilspräsidenten Kardinal Cesarini folgende gewichtigen Worte aussprechen: «Ihr, Doktor Palomar, seid ein allzu strahlender Geist, um nicht zu wissen, dass Rom heute nicht in Rom ist, sondern hier in Basel.»[63]

Auch ein Basler hat sich dem historischen Ereignis angenommen und eine kleine Novelle geschrieben: **Emanuel Stickelberger**. Sie heisst «Der Papst als Brautwerber». Dem Konzilsteilnehmer Parentucelli (dem späteren Papst Nikolaus V.) legt Stickelberger folgenden köstlichen Satz im Gespräch mit dem Konzilsschreiber Äneas Silvius Piccolomini (dem späteren Papst Pius II.) in den Mund: «Warum denn sparen, wenn wir doch beide bald einmal Päpste sein werden?»[64]

Und nun geht es dem Ende unseres literarischen Rundgangs entgegen. Ein fulminanter Abschluss erwartet uns in der St. Alban-Vorstadt. Um dorthin zu gelangen, spazieren wir durch die **Rittergasse**, nicht ohne an den in Basel sehr geliebten Stadtpoeten **Blasius** zu denken, der hier ein und aus gegangen ist (Rittergasse Nr. 12). Auch **Friedrich Nietzsche** ist oft in der Rittergasse zu finden gewesen, weilte er doch sehr gerne im Hohenfirstenhof (Rittergasse Nr. 19, im kleinen Gässchen ganz hinten) zu Gast. Bei der Bäumleingasse, der Querstrasse, die rechts abzweigt, sollte man einen Blick abwärts werfen auf das mächtige, weiss gestrichene Eckhaus mit rot eingefassten Fensterrahmen auf der linken Seite. Dort ist 1536 **Erasmus von Rotterdam** gestorben (siehe auch musikalischer Rundgang).

Beim Überqueren der Tramgeleise am Ende der Rittergasse gelangen wir zum Kunstmuseum und zu einem grossen Brunnen, der vom Basler Bildhauer **Alexander Zschokke** 1942 geschaffen worden ist. Die drei grossen Figuren stellen die Lebensalter dar, aber auch die verschiedenen Künste. Für unseren literarischen Rundgang interessiert vor allem der Sitzende: Er trägt nämlich die Gesichtszüge von **Stefan George**. Als Zschokke den Auftrag zu diesem Brunnen erhielt, war er als Professor in Düsseldorf tätig und pflegte regen Kontakt mit dem ihm nahe stehenden Stefan George.

Vor der Wettsteinbrücke biegen wir nun nach rechts ein und gelangen in die **St. Alban-Vorstadt**. Hier haben viele berühmte Dichter und Schriftsteller gewohnt. Rainer Brambach schreibt: «Sechs Dichter hat keine andere Strasse in Basel aufzuweisen. Das spricht für sie.»[65]

Hermann Hesse, **Friedrich Dürrenmatt**, **Jürg Federspiel**, **Rainer Brambach**, **Siegfried Lang** und **Jacob Burckhardt** sind die Namen dieser sechs. Dazu muss man noch weitere bedeutende Künstlernamen anfügen: Auch **Arnold Böcklin** hatte einige Zeit ein Atelier an dieser Strasse (Nr. 60) sowie **Marc Tobey** (Nr. 69). Und den berühmten Geiger **Adolf Busch** (in den 30er-Jahren in Nr. 94) darf man bei dieser imposanten Aufzählung auch nicht vergessen. Vermutlich ist die Liste damit immer noch nicht vollständig ...

Im Haus Nr. 7 «Sausewind» hat **Hermann Hesse** als Untermieter 1903 versucht, «zum ersten Mal geschmackvoll und würdig zu wohnen»[66], wie er selbst schreibt. Allerdings beklagt er sich gleichzeitig über den Lärm der Milch- und Marktwagen, die ihm jeden Morgen von drei Uhr früh an den Schlaf raubten. Vielleicht ist sein unruhiger Schlaf auch im Zusammenhang mit der Baslerin Maria Bernoulli zu erklären, die er bald darauf heiratete. Mit ihr zog er 1904 an den Bodensee – und im gleichen Jahr erschien der Roman «Peter Camenzind», der Hesse zum berühmten Dichter machte.

Nun spazieren wir auf den Spuren der oben aufgezählten Persönlichkeiten den heimeligen Vorstadthäusern entlang bis zum Wohnort von **Friedrich Dürrenmatt** während seiner Basler Zeit von 1946 bis 1948, dem Wildensteinerhof (Nr. 30). Frisch vermählt mit der Schauspielerin Lotti Geissler, die am Basler Theater tätig war, hatte das junge Paar hier eine Wohnung gefunden. Dürrenmatt schrieb damals an seinem Stück über die Wiedertäufer «Es steht geschrieben», das bei der Premiere in Zürich allerdings beträchtlich ausgepfiffen wurde.[67] 1948 wurde der imposante Wildensteinerhof in ein Schulgebäude umgewandelt. Betrachten Sie ruhig den prächtigen Bau auch von der Hof- und Gartenseite her, das ist möglich, da auch heute noch eine Privatschule hier untergebracht ist. Es ist anzunehmen, dass Dürrenmatts Werke wohl zur obligatorischen Lektüre aller Schulklassen gehören ...

Den Schluss unseres literarischen Rundgangs machen wir bei den beiden Wohnhäusern des berühmten Basler Kunst- und Kulturhistorikers **Jacob Burckhardt** (Nr. 41 und 64). Zuerst hatte Burckhardt die obere Wohnung des Hauses Nr. 41 gemietet, und sie bildete gleich zweimal seinen Wohnsitz (1848–1855 und dann wieder von 1858–1864). Im anderen Haus (Nr. 64) lebte Burckhardt bescheiden im zweiten Stock über einem Bäckerladen viele Jahre, die er selbst als seine glücklichsten bezeichnet hat (1866–1892). Auf der dunklen Treppe brach er leider bei einem Sturz den linken Arm, sodass er sich schliesslich dazu bewegen liess, in ein bequemeres Haus umzuziehen (Aeschengraben Nr. 6). Dort ist er 1897 gestorben. Stets freute er sich an guter Lektüre, zuletzt las er übrigens ausschliesslich **Jeremias Gotthelf** und **Homer**!

Von **Hesse** weiss man, dass er Jacob Burckhardt speziell verehrte, hat er ihm doch mit der Person des Pater Jacobus in seinem Werk «Das

Glasperlenspiel» ein literarisches Denkmal gesetzt. Die Lektüre von Burckhardts «Kultur der Renaissance» hat Hesse besonders geschätzt und bewundert. Er schreibt darüber:

«Dies Buch ist ausser Goethes ‹Faust› und ‹Aus meinem Leben› eigentlich das einzige, bei dem ich sehr hohe Erwartungen noch übertroffen fand.»[68]

Mit der Erwähnung Goethes ist somit der Kreis unseres literarischen Rundgangs passend geschlossen.

Auf den Spuren von Malern, Dichtern und Musikern am Rande der Altstadt

Vom Spalentor bis zur Pauluskirche

«Oh hätte ich doch einen Bogen Papier, so gross wie das Spalentor, dann wäre ich glücklich!»[69], soll der 4-jährige **Hermann Hesse** (1877–1962) beim Anblick des Spalentors ausgerufen haben. Vermutlich hätte er gerne das prachtvolle Tor darauf gezeichnet. Man kann sich sehr wohl vorstellen, welchen Eindruck das mächtige Bauwerk mit seinem Fallgatter und den vielen Figuren auf den kleinen Hermann gemacht hat. Die Familie Hesse hat fünf Jahre in Basel verbracht (1881–1886). Vater Hesse war in dieser Zeit als Lehrer und Herausgeber einer Missionszeitung am Missionshaus tätig (das Missionshaus befindet sich wenige Minuten vom Spalentor entfernt in der Missionsstrasse). Als junger Mann zog es Hesse 1899 wiederum nach Basel: «Basel war für mich jetzt vor allem die Stadt Nietzsches, Jacob Burckhardts und Böcklins. Dennoch galten einige meiner ersten Gänge in jenen Spätsommertagen nach der Ankunft den Stätten der Kindheit: dem Müllerweg, der Schützenmatte, dem Spalentor.»[70] In diesem Quartier hat sich der junge Hesse erneut seinen Wohnsitz gewählt. Er weilte allerdings nie lange an einem Ort. So wohnte er hintereinander an der Eulerstrasse Nr. 18, an der Holbeinstrasse Nr. 21 und an der Mostackerstrasse Nr. 10.

Das Gebiet, in welchem sich Hesse als kleines Kind und dann wieder als junger Mann so gerne aufgehalten hat, gehörte damals zu den neu entstandenen Wohnquartieren Basels. 1860 hatte man in Basel beschlossen, die Stadtmauern abzureissen, um der stets wachsenden Bevölkerung mehr Platz zu verschaffen. Die folgenden Jahre waren von einer immensen Bautätigkeit geprägt. Entstanden sind zahlreiche neue Quartiere mit vielen zwei- bis dreigeschossigen Bürgerhäusern, zum grossen Teil in klassizistischem oder neobarockem Stil erbaut und in grauem Farbanstrich gehalten. Zurückhaltend und fast nüchtern wirken die Fassaden. Aber hinter diesen Häusern dämmern verschwiegene Gärten mit wohl gepflegten Rasen und Kieswegen, gesäumt von üppigen Büschen und grossen Bäumen. Man lebte in Basel schon immer mehr «nach innen» und weniger «nach aussen».

Die Stadtmauer befand sich an der Stelle der Baumallee, die wir nun verfolgen, der ehemalige Stadtgraben wurde aufgefüllt und dient heute dem Verkehr. Einen winzigen, mit Efeu überwachsenen Rest der Mauer kann man an der Ecke Schützengraben/Schützenstrasse vor dem Schulhaus noch sehen. Am **Schützengraben** Nr. 47 finden wir das Haus, in dem **Friedrich Nietzsche** (1844–1900) während acht Jahren gewohnt hat.[71] Von 1869 an, als er auf den Lehrstuhl für griechische Sprache und Literatur der Universität Basel berufen wurde, bis ins Jahr 1877 war Nietzsche Bewohner dieses schlichten Hauses. Es war ein angenehmer Wohnort, den er sich ausgesucht hatte, denn in den Strassen brandete noch kein Verkehr. Mit einem Mitbewohner des Hauses, dem Theologen **Franz Overbeck**, verband ihn bald eine tiefe Freundschaft, die bis zu seinem Lebensende gehalten hat. Nietzsche schätzte ausserdem die vielen Anregungen durch die persönlichen Kontakte mit namhaften Professoren: mit **Wilhelm Vischer**, der ihn nach Basel geholt hatte, mit dem Mutterrechtsforscher **Johann Jakob Bachofen**, mit **Ludwig Rütimeyer**, Professor für vergleichende Anatomie und Begründer der Haustierforschung, und allen voran mit **Jacob Burckhardt**. «Ihm zuerst verdankt Basel seinen Vorrang an Humanität», heisst es in Nietzsches 1888 entstandener «Götzen-Dämmerung». Der geistige Austausch mit Jacob Burckhardt stiess allerdings bei der Musik auf einen kritischen Punkt, nämlich bei **Richard Wagner**. Von dem von Nietzsche hochverehrten Komponisten hielt Burckhardt gar nicht viel! «Ich war gestern nach dem Konzert in der Halle; ich musste mich erquicken nach dem grässlichen Vorspiel der ‹Meistersinger›, welches sich teilweise anhörte wie Katzengeheul.»[72] Diese bissigen Worte schrieb Burckhardt nach einem Sinfoniekonzert, und es sind nicht die einzigen Sätze, mit denen er Wagners Musik scharf verurteilt hat. Er schimpfte bei jeder Gelegenheit über ihn, allerdings hatte das nicht nur musikalische Gründe, sondern Burckhardts Abneigung galt ebenso dem Reichswahn, der in Wagners Werken zum Ausdruck kam. Er stand mit seinem Urteil keineswegs alleine da. Auch **Arnold Böcklin** teilte diese Ansicht über Wagners Musik. Er bekomme davon Bauchgrimmen, liess er verlauten.

Nietzsche war selbst hochmusikalisch. Er komponierte nicht nur, sondern war auch ein faszinierender Improvisator auf dem Klavier. Seine grosse Wagner-Verehrung liess im Laufe der Jahre deutlich nach, und schliesslich hat er sich ganz von Wagner losgesagt.

Volle zehn Jahre gehörte Nietzsche dem Lehrkörper der Universität an, und somit hat er sich in Basel länger als irgendwo anders aufgehalten. Mit Basel blieb er auch weiterhin verbunden. Einerseits durch die Rente, die ihm bis an sein Lebensende bezahlt wurde, andererseits durch seinen von der Basler Staatskanzlei ausgestellten Reisepass. Hin und wieder kam Nietzsche auf der Durchreise kurz nach Basel, zuletzt unter tragischen Umständen. Sein Freund Overbeck holte ihn 1889 von

Turin, wo Nietzsche zusammengebrochen war, und brachte ihn in die «Friedmatt» in Basel, bevor er nach Jena in die dortige Irrenanstalt überwiesen wurde. Wenige Monate später starb Nietzsche in Weimar. Zu den Werken, die in seiner Basler Zeit erschienen sind, gehört sein «Menschliches, Allzumenschliches» oder vier «Unzeitgemässe Betrachtungen», in welchen Nietzsche unter anderem schreibt: «Es gibt in der Welt einen einzigen Weg, auf welchem niemand gehen kann ausser dir: wohin er führt? Frage nicht, gehe ihn.»

Bei der Ampel nahe bei Nietzsches Wohnhaus wandern wir nun nach rechts und erreichen bei der nächsten Lichtsignalanlage die **Eulerstrasse** (benannt nach dem grossen Mathematiker Leonhard Euler), der wir nach links gehend folgen. Hier stehen noch viele schöne Bürgerhäuser aus der zweiten Hälfte des 19. Jahrhunderts. Im Haus Nr. 18 treffen wir erneut auf die Spuren von **Hermann Hesse**. Hier hat er, nach seinem Wechsel 1899 von Tübingen nach Basel, sein erstes Zimmer genommen. Nur gerade einen Monat blieb er, dann zog er an die Holbeinstrasse, wo er zusammen mit zwei jungen Männern eine Art Wohngemeinschaft pflegte. Um dorthin zu gelangen, spazieren wir an der sich ganz in der Nähe befindlichen Synagoge vorbei. Sie war auch schon zu Hesses Zeit gebaut, stammt sie doch aus dem Jahre 1867 (Architekt Hermann Gauss). Vor uns erblicken wir den Turm der Marienkirche, wir gehen weiter der Leonhardsstrasse entlang bis zur nächsten Querstrasse, der Holbeinstrasse, und biegen dort nach links ab. Nach wenigen Schritten erreichen wir an der **Holbeinstrasse** Nr. 21 einen weiteren Wohnsitz Hesses. «Meine neue Wohnung ist hübsch und hat den Reiz einer famosen Stubennachbarschaft. Die drei Zimmer neben mir sind von zwei jungen Architekten bewohnt, die ich kenne und liebe. Beide sind für hervorragende Pläne und Arbeiten gotischer Bauten hier tätig, der eine davon ist der geniale Künstler Jennen, der das neue Rathaus prachtvoll in strenger Gotik macht.»[73] **Heinrich Jennen** war damals Bauleiter bei der Firma Vischer & Fueter und mit der Erweiterung des Rathauses (der hohe Turm sowie der Teil mit dem Erker) beauftragt. Der von Jennen im neogotischen Stil gehaltene Entwurf kam bei der Realisierung deutlich teurer zu stehen, als veranschlagt, und das führte zu einigem Unmut in der Stadt. Hesse hat mit seiner Erzählung «Das Rathaus» für Jennen eine literarische Verteidigung geschrieben, in welcher Jennen als «Niklas» die herrlich aktuell anmutenden Worte spricht: «Ich sah die sparsamen Alten Bauziffern abwägen, ich sah die Parteien Günstlinge vorschieben und sah Handwerker und Halbkünstler feilschend und gierig sich um den grossen Auftrag reissen. Alle Interessen waren flüssig: das des Geldes, des Geizes, der Partei, des Brotneides, nur nicht das der Kunst und der Liebe. Und ich sah unsere Stadt, welche auf hundert Jahre hinaus nicht wieder einen solchen Bau zu vergeben haben wird, vor einer unverzeihlichen Sünde stehen … Die Stadt verliert an ihm ein paar Säcke voll Taler, die schon übers Jahr verschmerzt sein werden. Sie gewinnt an ihm nicht nur einen guten Bau, sondern, was mir wichtiger scheint, den sichtbaren Ausdruck ihrer stattlichen Macht …!»[74] Das Rathaus wurde schliesslich nach den Plänen Jennens errichtet und die Säcke voller Taler sind tatsächlich längst verschmerzt.

Unser Rundgang führt nun wieder einige Schritte zurück zur **Marienkirche**, an der Hesse wohl auch hin und wieder vorbeigegangen ist. 1886 wurde sie erbaut und ist damit der erste neu erstellte katholische Kirchenbau nach der Reformation in Basel. Ihr Architekt, der Basler **Paul Reber**, war in den verschiedenen Stilrichtungen des Historismus bewandert, auch die Erweiterung der Synagoge in neobyzantinischem Stil stammt von ihm. Möglich gemacht wurde dieser Kirchenbau durch das Vermächtnis einer ansehnlichen Summe, welche die in München verstorbene Baslerin **Emilie Linder** (1797–1867) für den Bau einer katholischen Kirche bestimmt hatte. 1824 war die junge Baslerin nach München gezogen. Sie war ausserordentlich künstlerisch begabt und wollte sich in München an der Kunstakademie (als eine der ersten Frauen!) zur Malerin ausbilden lassen. In München trat sie auch zum katholischen Glauben über. Sie hat nicht nur zum Bau der Marienkirche beigetragen, sondern auch mit Spenden zu Gunsten des ersten katholischen Spitals im Kleinbasel ihre Verbundenheit mit der katholischen Kirchgemeinde zum Ausdruck gebracht. Aber auch das Basler Kunstmuseum verdankt ihr zahlreiche Bilder. Eine vom Grossvater geerbte Kunstsammlung hat sie grosszügig dem Museum geschenkt. Emilie Linder wurde in der Krypta der Marienkirche feierlich beigesetzt. Heute befindet sich ihr Sarkophag im linken Querschiff, denn die Kirche wurde 1958 umgestaltet. Gleichzeitig erhielt die Kirche auch neue Glasfenster. Der Basler Künstler **Coghuf** (1905–1976) hat sie geschaffen. «Wie eine leise Melodie oder ein stilles Gebet sollen Farbe und Rhythmus den Raum bestimmen»[75], schreibt er dazu. Die schlicht gehaltenen Farben der Fenster lassen das Zentrum mit Altar und Tabernakel (gestaltet von **Albert Schilling**) klar in Erscheinung treten. Besonderes Gewicht erlangt der Altar durch den Baldachin «La sainte Trinité», den ebenfalls Coghuf geschaffen hat (1961). **Ernst Stocker**, wie Coghuf eigentlich hiess, war der Bruder von Hans Stocker, dem wir als Künstler in der Antoniuskirche begegnen werden. Sein Pseudonym hat sich Ernst Stocker nach folgender, von ihm persönlich erzählten Geschichte gewählt: Die Brüder Stocker, beides Künstler, bewohnten zusammen ein nicht besonders grosses Atelier, was hin und wieder zu Streitigkeiten führte. Zum Heizen lag neben dem Ofen ein Haufen Koks – offensichtlich nicht immer sehr ordentlich, denn ein Wortwechsel zwischen den beiden endete mit dem vorwurfsvollen Satz von Hans an seinen Bruder Ernst: «Du, mit dym Kokshuffe!»[76] Damit hatte Ernst sein Pseudonym gefunden: Coghuf.

Um zu unserem nächsten Ziel zu gelangen, folgen wir der Holbeinstrasse, überqueren die Tramlinie und gehen in der gleichen Richtung weiter bis zum **Steinenring**. Diese breit angelegte Strasse entstand, nachdem das Trassee der Elsässerbahn, die hier von 1859 bis 1889 entlang fuhr, stadtauswärts verlegt wurde. Bald darauf wurden die vielen im Historismus und im Jugendstil gehaltenen Häuser erstellt, die heute noch immer ein harmonisches Gesamtbild vermitteln.

Von der Pauluskirche zur Antoniuskirche

Zum einheitlich geschlossenen Eindruck trägt in entscheidendem Masse die **Pauluskirche** bei, die 1901 eingeweiht worden ist und die mit der leicht erhöhten Lage einen städtebaulichen Akzent setzt.

Bei der Planung für diesen Kirchenbau galt es, wie gewohnt, einige Widerstände zu überwinden. Vor allem fand man es reichlich übertrieben, eine so grosse Kirche ausserhalb der Stadt (!) zu bauen. Schliesslich wurde ein Wettbewerb ausgeschrieben, bei dem 56 Projekte eingereicht wurden. Den ersten Preis erhielt **Karl Moser** (1860–1936) von der Firma Curjel & Moser, Karlsruhe. Den mächtigen, burgähnlichen Zentralbau im neoromanischen Stil mit Jugendstildekorationen, dem quadratischen Turm, den vier kleinen Ecktürmchen und der riesigen Rosette schlossen die Basler gleich in ihr Herz, und das ist bis heute so geblieben. Dazu beigetragen hat die Stadtgärtnerei, die die weite Anlage vor der Kirche mit herrlich blühenden Magnolienbäumen schmückte und immer mit prächtigen, bunt leuchtenden Blumenarrangements bepflanzt.

Die Pauluskirche ist ein Gesamtkunstwerk, enstanden in enger Zusammenarbeit von Architekt und bildenden Künstlern. Karl Moser hat Künstler aus Karlsruhe und aus Basel ausgewählt, mit denen er regen freundschaftlichen Kontakt pflegte: Der Erzengel hoch über dem Eingangsportal sowie die zwei Engel mit den Lilien stammen vom Karlsruher Bildhauer **Oskar Kiefer**, während der Basler **Carl Burckhardt** den barmherzigen Samariter über dem Haupteingang geschaffen hat.

Im Innern wird der Blick von der mächtigen Kanzelwand und der Orgel angezogen. Der Orgelprospekt mit dem harfenspielenden König David ist nach einem Entwurf von Karl Moser gestaltet. Die Orgel ist mit den Klangfarben des beginnenden 20. Jahrhunderts versehen und erklingt besonders schön mit Musik der Romantik, sei das im Gottesdienst oder bei Orgelkonzerten. Die Kanzel, das heisst die Predigt, steht im Zentrum. Die goldglänzenden Mosaikpartien links und rechts der Kanzel stammen vom Basler Kunstmaler **Heinrich Altherr**. Der hohe, gewölbte Innenraum wird durch zahlreiche, leuchtende Glasfenster in herrlichem Jugendstil erhellt.[77] Sie wurden von Professor **Max Laeuger** aus Karlsruhe entworfen und von der Kleinbasler Firma Kuhn ausgeführt. Sie begeistern jeden Betrachter. «Ehre sei Gott in der Höhe» liest man bei den drei musizierenden Weihnachtsengeln, die mit blossen Füssen inmitten einer von Blumen geschmückten Wiese stehen. Dynamisch sind die im Rahmen verflochtenen Blätter in verschiedenen Grüntönen gestaltet. Diese Rahmenornamentik finden wir auch bei den anderen Fenstern: Ein prachtvoller Offenbarungsengel mit Posaune ist im Chor zu sehen, die Kreuzigung und Auferstehung im Querschiff und Darstellungen aus dem Leben des Apostels Paulus (Bekehrung des Saulus, Paulus in Athen, Paulus im Sturm) sind zu entdecken. In der riesigen Fensterrosette thront Christus als Weltenherrscher, umgeben von den Evangelistensymbolen.

Spazieren Sie auch um die Kirche herum. Man kann auf der Westseite – mit etwas Abstand – sogar Karl Mosers Namen entdecken, eingeflochten in die Ornamentik des mittleren Bogenrahmens am Turm! Nun folgen wir den Tramgeleisen in der gleichen Richtung, wie wir gekommen sind, und gelangen bald zum **Schützenmattpark**. Vom Park durch die Geleise abgetrennt, steht eines der seltenen Renaissancehäuser der Stadt (1561). Es ist das Gesellschaftshaus der Feuerschützen, die einst das freie Gelände für ihre Schiessübungen genutzt haben. Diese Ehrengesellschaft bestand aus Vertretern der verschiedenen Zünfte, welche die Aufgabe hatten, die Stadt und ihre Mauern zu verteidigen. Die Gesellschaft besteht heute noch, Schiessübungen werden allerdings schon seit 100 Jahren nicht mehr auf der Schützenmatte ausgetragen. Das Schützenhaus ist eine gepflegte Gaststätte mit mehreren stimmungsvollen Sälen, die mit kostbaren Wappenscheiben geschmückt sind. Es war eine vor allem in der Schweiz herrschende Sitte, sich gegenseitig Scheiben zu verehren.

Als Park und für sportliche Veranstaltungen wird die Schützenmatte heute von den zahlreichen Anwohnern sehr geschätzt. Zu diesen gehörte einst auch der kleine **Hermann Hesse**, zu dessen frühesten Er-

Glasfenster von Max Laeuger mit dem Titel «Engel verkünden die Weihnachts-
botschaft» in der Pauluskirche.

innerungen das Spielen auf der Schützenmatte gehörte. Er wohnte ganz nahe, am Müllerweg. Auf der anderen Seite war der Spalenringweg, und dazwischen fuhr die Elsässerbahn. Heute ist daraus der Spalenring geworden. Als Hesse wieder in Basel weilte, wanderte er gerne hierher: «Die Schützenmatte aber besuche ich oft. Zwar sind dort der Matte entlang viel neue Häuser, und auf der Matte selber wird eine Pflanzung angelegt, eine Kirche gebaut (die Pauluskirche) und eine Eisenbahnlinie gezogen, aber bis jetzt ist das Ganze noch nicht wesentlich verändert. Die Kinder spielen noch dort, die Drachen steigen noch, und die ganze grosse Wiese hat noch den alten Glanz für mich. Ich meine die Sommerferien jener Jahre, die ich fast ganz auf dieser Matte zubrachte, sind doch meine schönsten Tage gewesen …»[78]

Spazieren Sie nun den Spalenring entlang weiter bis zur nächsten Kreuzung, dem Brausebad. Nach rechts in die **Austrasse** einbiegend, erreicht man nach wenigen Schritten das Wohnhaus eines in Basel hochverehrten Philosophen. **Karl Jaspers** (1883–1969) hat im Haus Nr. 126 über 20 Jahre lang gewohnt, wurde es doch dem Ehepaar Jaspers auf Lebzeiten zur Verfügung gestellt. 1948 war Jaspers an die Universität berufen worden. Schon während des Krieges hatte man versucht, ihn nach Basel zu holen. Das scheiterte aber an der Genehmigung des deutschen Reichserziehungsministeriums, denn Jaspers' Frau hätte ihn wegen ihrer jüdischen Abstammung nicht begleiten dürfen. So verbrachte Jaspers die Kriegszeit in Heidelberg. Seine Übersiedlung nach Basel musste er gegenüber den Freunden, Kollegen und Studenten in Heidelberg rechtfertigen: «Es locken mich … neue Antriebe für die Entfaltung meiner Arbeit. Es zieht mich die geliebte Welt der Schweizer Freiheit und Humanität und in Basel ein mir seit meiner Jugend vertrauter Geist: Burckhardt, Nietzsche, Overbeck»[79], schreibt Jaspers in einem Zeitungsartikel. Mit einem Lehrauftrag für Philosophie einschliesslich Psychologie und Soziologie begeisterte Jaspers in seinen Vorlesungen eine stets wachsende Zuhörerschar. Manchmal kam es vor, dass der grosse Hörsaal 2 die Zahl der Wissensbegierigen nicht fassen konnte. «Schon eine Stunde vor Beginn der Vorstellung sitzen gewöhnlich ein Dutzend Pensionäre im Hörsaal», wird in der Studentenzeitschrift «Kolibri» 1960 berichtet, und dann folgt eine herrliche Schilderung einer Vorlesung: «Langsam hat sich der Raum gefüllt, die ersten Stehplätze werden eingenommen. Die Gänge sind voll von Entschlossenen, die gewillt sind, ihr Deputat auch in senkrechter Lage oder auf Steinstufen einzunehmen. Gerade als die ersten Studenten der Philosophie eintreten, erscheint der Hauswart als deus ex machina auf dem Podium und verkündet: ‹Herr Professor Jaspers liest in der Aula!› Was

nun geschieht, erinnert unwillkürlich an den Film ‹Untergang der Tita-
nic›; ein Sturm bricht los – alles stürzt auf die Ausgänge zu, im
Schweinsgalopp stösst sich einer am andern vorwärts. Damen und
Herren mit und ohne philosophische Vorbildung rennen um ein Plätz-
chen an der Weisheit.»

Der breiten Öffentlichkeit wandte sich Jaspers durch das Radio zu. Seine am weitesten verbreitete Schrift, die «Einführung in die Philosophie» geht auf einen Radiozyklus zurück und wurde eine Art philoso-
phischer Bestseller. Sie erreichte eine Gesamtauflage von weit über
150000 Exemplaren und wurde in viele Sprachen übersetzt. Mit 78
Jahren beendete Jaspers seine akademische Tätigkeit mit einer
Schlussvorlesung in der festlich geschmückten Aula. Doch blieb er weiterhin unermüdlich, wandte sich immer mehr politischen Fragen zu und
ging zum Beispiel mit seinem Buch «Die Atombombe und die Zukunft
des Menschen» auf entscheidende Gegenwartsprobleme ein oder
nahm an einer Radiodiskussion über das umstrittene Theaterstück
«Der Stellvertreter» von **Rolf Hochhuth** teil. Vorlesungen, Bücher und
Radiovorträge sind in Jaspers Basler Zeit in erstaunlicher Anzahl zu ver-
zeichnen. Er hat dafür auch Opfer gebracht. Reisen oder Ferien kannte
er nicht. Der Schützenmattpark musste ihm das alles ersetzen!
Schliesslich wurde er 1967 Basler Bürger. Zwei Jahre darauf ist er im
hohen Alter von 86 Jahren gestorben. In seinem von ihm selbst verfassten Lebenslauf heisst es am Schluss: «Alle Kraft dieser Jahre gab
er der Fortsetzung seiner an sich unabschliessbaren philosophischen
Arbeit, mit der er mehr ahnend als schon wissend, versuchend, nicht
besitzend, teilnehmen wollte an der Aufgabe des Zeitalters: den Weg
zu finden aus dem Ende der europäischen Philosophie in eine kom-
mende Weltphilosophie.»[80]

Fahren wir nun noch drei Stationen mit der Tramlinie Nr. 1 bis zum Kan-
nenfeldplatz. Dabei erblicken wir bereits unser nächstes Ziel, die **Antoniuskirche**, ist sie doch mit dem fast 70 Meter hohen Turm kaum zu
übersehen.[81] Man kann heute noch nachvollziehen, dass die Kirche zur
Zeit der Entstehung im Jahre 1927 beträchtliches Aufsehen erregt hat.
Es ist der erste moderne Kirchenbau der Schweiz in Sichtbeton. Die
Pauluskirche noch vor Augen, denkt man wohl zuletzt daran, dass dieses Werk vom gleichen Architekten stammen könnte! Über 20 Jahre
liegen dazwischen, und **Karl Moser** (1860–1936) hat seine Pauluskirche später liebevoll als «Jugendsünde» bezeichnet. Und noch ein
weiteres Werk von ihm kennt man in Basel: den Badischen Bahnhof
(1912 entstanden). Karl Moser wurde mit 55 Jahren Professor an der
Eidgenössischen Technischen Hochschule in Zürich und unterrichtete

dort als herausragende Persönlichkeit die junge zukünftige Generation von Architekten. Täglich musste er sich der Herausforderung seiner Studenten stellen. «Die Antoniuskirche hat die Schönheit und die Kraft eines Schöpfungsbaues, die ja in der Kunstgeschichte für Erstlinge eines Stils immer wieder die Regel sind. Andererseits ist dieser Erstling das Alterswerk seines Meisters und es wäre interessant, den Fällen nachzugehen, wo nicht jugendlich ungestüme Neuerer die Umbrüche in der Kunstgeschichte vollzogen, sondern gereifte Menschen», heisst es in der «Kunstgeschichte der Schweiz» über die Antoniuskirche.[82] Das meisterliche Alterswerk wurde in der Basler Bevölkerung allerdings mit gemischten Gefühlen betrachtet. Die spöttische Basler Zunge hatte bald einen Namen für den modernen Bau gefunden: Seelensilo! Heute jedoch wird mit Stolz auf dieses Bauwerk hingewiesen, und es ist anerkennenswert, dass die Katholiken von Basel mit diesem Kirchenbau mutig eine neue kirchliche Architektur eingeleitet haben.

Wer sich mit dem Äusseren nicht sonderlich anfreunden kann, der wird aber im Inneren der Kirche sofort begeistert sein. Wohl niemand kann sich der überwältigenden Wirkung des Raumes entziehen. Die herrlich leuchtenden Glasfenster und das farbige Spiel von Licht und Schatten, das durch die Sonne hervorgerufen wird, lassen den Raum in einer strahlenden Einheitlichkeit erscheinen. Es war ein Hauptanliegen von Karl Moser, eine Einheit zwischen Bau und künstlerischer Ausstattung zu erreichen. In vielen Diskussionen mit der Bauherrschaft hat er seine Vorstellungen fast immer durchsetzen können. Kanzel und Altäre sowie die Altardecken wurden nach Entwürfen von Karl Moser geschaffen, Tabernakel und Strahlenmonstranz stammen von **Arnold Stockmann**, die Lammreliefs und die Reliefs an der Kanzel von **Max Uehlinger**. Am meisten ins Auge fallen aber die grossartigen Glasfenster, elf riesige farbige Fensterflächen. Mit ihren Entwürfen wurden die jungen Künstler **Otto Staiger** (1894–1967) und **Hans Stocker** (1896–1983) bei einem Wettbewerb aus über 60 Teilnehmern ausgewählt. Auf der Epistelseite finden Sie fünf Szenen aus dem Leben Christi, auf der Evangelienseite sechs Szenen aus dem Leben des Kirchenpatrons, des heiligen Antonius. Rahmenverglasung und Figurenfelder sind farbig aufeinander abgestimmt und vermitteln mit ihrer Leuchtkraft ein Gefühl von Geborgenheit im Licht. Hans Stocker äusserte einmal, dass er sich von den Fenstern der Kathedrale von Chartres habe inspirieren lassen. Die mittelalterliche Ausdruckskraft und Bildsprache werden mit dieser modernen Glasmalerei wieder erreicht, und man tritt wie verzaubert aus einer unwirklichen Atmosphäre heraus in die Gegenwart.

Basel

Es geht ein bisschen rauf,
es geht ein bisschen runter,
dazwischen fliesst der Rhein.
Grün soll sein Wasser sein.
Wenn's regnet, stürmt und schneit,
dann ist es braun,
braun anzuschaun.
Verhältnismässig drückend föhnt der Föhn;
es brodelt tief im Grunde;
darüber eine Stadt,
die Basels Name trägt
und hat.
Dort lint es Böck,
dort beint es Hol,
es waldet grün und witzt.
Der Ritter sticht den Wurm
am Turm.
Der Bruder holzt
viele Speere und ein Zahn.
Die Kirche aus Zement
ist Mosers hohe Zeit.
Es brennt,
wenn's brennt,
im Kleid.
Mann, sei gescheit.
Der Frauen holder Chor
lächelt dem Thor.
Mann,
sieh Dich vor!

Kurt Schwitters[83] (1887–1948)

Kurzer historischer Überblick

Musikalisches Basel

Märsche für Trommeln und Piccolo gehören für den Basler zur schönsten Musik, die es gibt. Man lässt es sich nicht nehmen, Jahr für Jahr an der Fasnacht mit gemessenen Schritten und jubelndem Herzen hinter den bunt gekleideten Cliquen herzulaufen und den Märschen zu lauschen.

Die ältesten Musikinstrumente, die man in Basel abgebildet findet, sind allerdings nicht Trommeln und Piccolos, sondern die Hörner des Jüngsten Gerichts. Sie stammen aus dem 12. Jahrhundert, werden von zwei Engeln geblasen und befinden sich an der Gallus Pforte des Münsters. Musizierende Engel kann man an vielen Orten in der Stadt entdecken, ausser am Münster auch am Fischmarktbrunnen, am Rathaus und am Spalentor.

Mittelalter
Mit Gesang und Orgelspiel wurde im Mittelalter vor allem in den Kirchen musiziert. Gesungen und getanzt wurde aber auch an den Festen der Ritter und Adeligen sowie in den Zunftstuben.
Eine herrliche Darstellung eines ausgelassenen Bauerntanzes findet man am Brunnenstock des **Holbein-Brunnen**s in der Spalenvorstadt. Der Tanz wurde von einem Gemälde von **Hans Holbein d. J.** inspiriert, das dieser an einer Hausfassade in Basel angebracht hatte. Die Bauern und Bäuerinnen tanzen zur Musik eines Dudelsackpfeifers. Dieser steht oben auf dem Brunnenstock und ist nach einer Vorlage von **Albrecht Dürer** gearbeitet worden. Der berühmteste Tanz von Basel war jedoch der **Totentanz**, der um 1440 entstanden ist. Er befand sich an der Kirchhofmauer des Predigerklosters und gehörte zu den besonderen Sehenswürdigkeiten von Basel.

16. und 17. Jahrhundert
Die Liebe zur Musik war tief im Volk verwurzelt. Alle Feste des Jahres waren von Musik begleitet. Die Musik in den Kirchen nahm allerdings ein abruptes Ende mit der Reformation, die, im Jahre 1529 in Basel eingeführt, grosse Veränderungen mit sich brachte. Musik während der Gottesdienste wurde verboten. Selbst das Orgelspiel war nicht mehr erlaubt!
Die erste reformierte Schweizer Stadt, die das Spiel auf der «Bapstleier» wieder einführte, war dann aber Basel im Jahre 1561, wenigstens

zur Unterstützung des einstimmigen Chorgesangs der Gemeinde! Erwähnenswert ist hier der aus Flandern zugezogene **Samuel Mareschall**, der 1576 Organist am Basler Münster war und gleichzeitig an der Universität als «Professor Musices» angestellt wurde. Ein anderer berühmter Musiker des 16. Jahrhunderts weilte noch vor der Reformation in Basel: **Glareanus**. In der Universitätsbibliothek befindet sich ein kostbarer Band von seinem berühmten Lehrbuch «Dodekachordon», das 1547 in Basel gedruckt worden ist.

Sonst aber war die Musik nach der Reformation ganz der privaten Pflege überlassen. Das blieb auch so im folgenden Jahrhundert, das durch den Dreissigjährigen Krieg und die Zuwanderung von Glaubensflüchtlingen nach Basel geprägt wurde. Die Impulse, welche die Refugianten mit ihrer Seidenbandindustrie der Stadt gaben, liessen Basel zu einer blühenden Handels- und Industriestadt heranwachsen.

18. und 19. Jahrhundert
In den grossen Bürgerhäusern der Seidenbandherren, die im 18. Jahrhundert gebaut wurden, fehlte selten ein prächtig ausgestattetes Musikzimmer. Zahlreiche Familienbildnisse belegen auch eine reiche Blüte der Hausmusik. Ein entscheidendes Ereignis für die Musikpflege in Basel war die Gründung des **Collegium Musicum** im Jahre 1692. Das Orchester sollte zu allererst zur Verschönerung des Gottesdienstes beitragen. Aber mit der Gründung dieses Klangkörpers war der Grundstock zum eigentlichen Beginn des modernen Konzertwesens gelegt. Rund 50 Jahre später (1748) wurden bereits Subskriptionskonzerte eingeführt. Das Collegium Musicum bestand damals aus 18 Berufsmusikern und ebenso vielen Dilettanten, die in den Konzerten mitspielten. Schliesslich gründeten einige der führenden Basler Familien eine Konzertdirektion, die jährlich etwa 20 Abonnementskonzerte veranstaltete (1783). Mit dem Rückgang der Blüte der Seidenbandindustrie und den politischen Umwälzungen von 1798 erlitt die reiche Musiktätigkeit in Basel eine empfindliche Einbusse.

Doch bald entwickelten sich daraus neue Kräfte. Sie führten zur Gründung verschiedener musikalischer Institutionen und Vereine, die während Jahrzehnten dem Basler Musikleben wichtige Impulse vermittelten. Sie blühen heute noch: Der **Basler Gesangverein**, 1824 gegründet, der Basler Singverein für den Männerchor, 1827 gegründet, von dem sich 1853 die **Basler Liedertafel** abspaltete. Dem Basler Männerchor hat **Franz Liszt** einige Lieder gewidmet.

Ganz im Gegensatz zu anderen Schweizer Städten, wie etwa Zürich, Lausanne oder Schaffhausen, besass Basel bis 1826 noch keine «den geselligen Vergnügungen der Einwohner gewidmete Stätte»[84]. Der Wunsch nach einem solchen Saal wurde immer dringender, doch war allen klar, dass der Bau unter allen Umständen billig zu stehen kommen musste! Man zögerte damals offensichtlich, viel Geld für Kultur auszugeben. Schliesslich beauftragte man einen jungen Architekten, den erst 19-jährigen **Melchior Berri**, ein Stadtcasino zu entwerfen. Es wurde 1826 eingeweiht. Das Collegium Musicum bezog den neuen Saal und wurde unter dem Namen Konzertgesellschaft eine jedermann zugängliche Konzertinstitution, aus der sich später die **Allgemeine Musikgesellschaft** (AMG) herausbildete. 1845 spielte hier **Franz Liszt** «bei gedrängt vollem Saale und fortwährendem rauschenden Beifall»[85].

1876 wurde der Berri-Bau durch den heutigen Musiksaal ersetzt. Gleichzeitig erfolgte auch die Gründung eines ständigen **Theater**s (1843) und die Eröffnung einer Allgemeinen **Musikschule** (1866), der 1905 ein **Konservatorium** angegliedert wurde. Tatkräftige Leiter dieser Institutionen – **Johann Tollmann**, **Ernst Reiter**, **August Walter** und **Alfred Volkland** – brachten Basel in den Ruf einer international beachtenswerten Musikstadt.

20. Jahrhundert

Diesen Ruf festigten zu Beginn des 20. Jahrhunderts bedeutende Dirigenten und Komponisten, vor allem **Hans Huber**, **Hermann Suter** und **Felix Weingartner**, die das Konzertwesen in Basel leiteten. Zur international beachteten Musikstadt wurde Basel nicht zuletzt auch durch **Paul Sacher**. Er gründete das **Basler Kammerorchester** und den **Basler Kammerchor** (1926 und 1928). Es gibt kaum einen bedeutenden Komponisten des 20. Jahrhunderts, der nicht ein Auftragswerk für Paul Sacher geschrieben hat.

Aber nicht nur moderne Musik zu vermitteln, hatte sich **Paul Sacher** vorgenommen. Er gründete zusammen mit **August Wenzinger** die **Schola Cantorum Basiliensis** (1933), ein Institut, das sich der Erforschung der alten Musik annahm und heute Weltruf besitzt.

In der zweiten Hälfte des 20. Jahrhunderts gehörte es zur Allgemeinbildung in Basel, alte und neue Musik zu kennen und zu schätzen. Sie wurde durch hochkarätige Dirigenten und Solisten vermittelt. Ausserdem kam es zu vielen Gründungen neuer Chöre und Orchester. Über 1000 Veranstaltungen der klassischen Musik finden heutzutage in und um Basel jährlich statt.[86]

Malerisches Basel

Mittelalter

Die zahlreichen Kirchen und Klöster in Basel waren schon früh mit vielen herrlichen und eindrücklichen Wandmalereien ausgeschmückt worden, und wunderschöne Altarbilder zierten die Kirchenräume. Zu einem grossen Anziehungspunkt für Künstler wurde die Stadt zur Zeit des Basler Konzils (1431–1448), weil sie Aufträge von den vielen Geistlichen und Adeligen erwarten konnten. Den Einfluss des Konzils, insbesondere durch die damals beginnende Papierproduktion, die alsbald den Buchdruck nach sich zog, konnte man noch über viele Jahrzehnte spüren. Maler wie **Konrad Witz**, **Martin Schongauer**, **Hans Baldung Grien**, **Matthis Grünewald** und **Hans Holbein** haben Basel für einen kürzeren oder längeren Aufenthalt ausgewählt.

Aber nicht nur im Innern der Kirchen, sondern auch aussen an den Wänden konnten Malereien bewundert werden. Stadttore, Hausfassaden und Kirchhofmauern waren mit Malereien verziert. Am berühmtesten war der **Totentanz** an der Kirchhofmauer des Dominikanerklosters, der lange zu den wichtigsten Sehenswürdigkeiten in Basel zählte.

Auch in den Privathäusern wurden Bilder und vor allem auch Wandteppiche aufgehängt und gesammelt. Basel war ein bedeutendes Zentrum der Tapisserieherstellung am Oberrhein in der zweiten Hälfte des 15. Jahrhunderts. Davon zeugt die prachtvolle Sammlung, die man heute im Historischen Museum bestaunen kann. Es sind rund 20 Tapisserien aus Privathäusern und Klöstern zu besichtigen.

16. und 17. Jahrhundert

Eine grossartige private Sammlung des **Bonifacius Amerbach** und seines Sohnes **Basilius Amerbach** aus dem 16. Jahrhundert – darunter viele herrliche Gemälde – wurde 1662 von der weitblickenden Stadtregierung aufgekauft und als «Amerbach-Kabinett» der Öffentlichkeit zugänglich gemacht. Deshalb wird das Kunstmuseum Basel oft als «älteste öffentliche Kunstsammlung der Welt» bezeichnet. Zahlreiche Gemälde von **Hans Holbein d.J.** gehörten unter anderem zum Bestand des Amerbach-Kabinetts. Die Sammlung von Holbein-Bildern im Kunstmuseum Basel zählt heute zu den bedeutendsten ausserhalb Englands. Hans Holbein d.J. hat selbst längere Zeit in Basel gewirkt, bevor er nach England an den Hof Heinrichs VIII. zog.

Urs Graf, **Hans Hug Kluber**, **Tobias Stimmer** und **Hans Bock** sind weitere wichtige Künstler des 16. und 17. Jahrhunderts, von denen zahlreiche Zeugnisse in Basel zu finden sind. Herausragender Künstler dieser Jahrzehnte ist der im Kleinbasel geborene **Matthäus Merian**, der mit seinen Kupferstichen die Stadtansichten und Burgen von ganz Europa verewigt hat.

18. und 19. Jahrhundert

Mit den in Basel eingewanderten Glaubensflüchtlingen, in erster Linie den Seidenbandherren, wurde vor allem der französische Geschmack führend. Die zahlreichen Gemälde dieser wohlhabenden Familien sind auch heute noch oft in Privatbesitz. Jedoch finden sich im Kunstmuseum viele Donationen, ja ganze Sammlungen aus privater Hand, die das Museum bereichern.

Daneben haben viele Kleinmeister reizende Landschaftsbilder hinterlassen oder Stadtansichten geschaffen, die heute mit Wehmut betrachtet werden, zeigen sie doch ein Bild der Stadt, der Bewohner und der Umgebung, das längst vergangen ist. Zu ihnen zählen unter anderen **Peter** und **Samuel Birmann**, **Anton Winterlin**, **Emanuel Büchel** und **Johann Jakob Neustück**. Die künstlerische Produktion des 19. Jahrhunderts ist sehr umfangreich. Selten findet man aber einen Namen, der über das Lokale hinausführt. Mit einem Aquatintablatt belegt allerdings **William Turner** einen Aufenthalt in Basel.

Dafür wurde Basel durch die Geburt von **Arnold Böcklin** ein berühmter Künstler beschert. Heute findet man viele seiner herrlichen Bilder

Bleistiftzeichnung des 17-jährigen Paul Klee: Basel vom Rheinschänzli aus (1896). Klees Mutter war Baslerin.

im Kunstmuseum Basel, es gibt von ihm aber auch Wandgemälde im Museum für Kulturen, ja sogar lustige Figuren im Restaurant Kunsthalle. Auch von **Alfred Heinrich Pellegrini** zeugen zahlreiche grossartige Wandbilder in der Stadt.

Zu den wichtigen Gründungen des 19. Jahrhunderts zählen der Basler **Kunstverein** und die **Basler Künstlergesellschaft**.

20. Jahrhundert

Picasso gilt wohl als Inbegriff der Malerei des 20. Jahrhunderts. Mit ihm verbindet Basel eine ganz besondere Geschichte. Die ganze Bevölkerung von Basel hat finanziell mitgeholfen, dass zwei seiner Bilder der Stadt erhalten blieben. Darüber hat sich Picasso so sehr gefreut, dass er dem Museum gleich nochmals zwei Gemälde schenkte. Und die Basler Mäzenin **Maja Sacher** hat danach ein weiteres Bild von Picasso dem Museum geschenkt! Dieser grosszügigen Donatorin verdankt Basel auch eine Stiftung, die im modernen, architektonisch sehr reizvollen Gegenwartsmuseum einen würdigen Rahmen gefunden hat: die **Emanuel Hoffmann-Stiftung**. In dieser Sammlung sind alle bedeutenden Künstler des 20. Jahrhunderts vertreten. Vor kurzem sind zwei weitere Sammlungen der Öffentlichkeit geschenkt worden: Das von Mario Botta erbaute Tinguely-Museum mit Werken von **Jean Tinguely** und die Fondation Beyeler, vom Architekten Renzo Piano gebaut, mit Werken der klassischen Moderne.

Literarisches Basel

Mittelalter

Die bedeutenden Bibliotheken der verschiedenen Klöster in Basel – allen voran die Bibliothek des Klosters der Dominikaner – bildeten den Schwerpunkt des dichterischen Schaffens im Mittelalter. In der Stadt kannte und zitierte man Hochzeitslieder, Spottlieder und Streitlieder sowie Rätsel, Zaubersprüche und Merkverse. Der erste mit Namen fassbare Dichter in Basel hiess **Warnerius** «auctor Basiliensis» (im Jahre 1118 erwähnt). Eines seiner Werke, der «Synodicus», umfasst 600 gereimte Hexameter und spielt in einer idyllischen Landschaft ausserhalb der Stadt Basel. Zu einem Zentrum für Literatur wurde Basel im 13. Jahrhundert, als **Konrad von Würzburg** lange Zeit in der Stadt wirkte. Auch der Minnesänger **Walther von Klingen** beehrte zu jener Zeit die Stadt. Wer Basels schriftstellerisches Schaffen in der Vergangenheit unter die Lupe nimmt, stellt bald einmal fest, dass vor allem der Buchdruck das Hauptgewicht bildet. Hier allerdings darf man Basel als «wichtige Stadt der ersten hundert Jahre der neuen Erfindung»[87] herausstreichen. Wer sich auf Basels grosse Vergangenheit beruft, denkt sofort an die Zeit des Basler Konzils (1431–1448). In dessen Folge haben die Papierherstellung und gleich danach der Buchdruck in der Stadt Fuss gefasst. Unter den illustren Druckerherren, die gleichzeitig auch Verleger waren, findet man keine gebürtigen Basler. An erster Stelle sind wohl «die drei Johannes» zu nennen, welche alle aus Franken nach Basel gekommen sind und sich hier eingebürgert haben: **Johannes Amerbach** (1484), **Johannes Froben** und **Johannes Petri** (1488). Waren es zuerst vor allem biblische und kirchliche Werke – darunter der Erstdruck eines griechischen Neuen Testamentes – so kamen bald auch die Werkausgaben verschiedener bedeutender Renaissancephilosophen dazu. Bedeutend war der Druck der Erstausgabe des «Narrenschiffs» von **Sebastian Brant** sowie vieler Werke des **Erasmus von Rotterdam** und der «Cosmographia» von **Sebastian Münster**.

17. und 18. Jahrhundert

Wichtige Impulse durch die Glaubensflüchtlinge findet man nicht nur in der Musik und Malerei, sondern auch in der Literatur. Besonders erwähnt werden darf hier der Bewohner des Weissen Hauses, **Jakob Sarasin**, dessen Interesse an den neuen Strömungen rege Kontakte mit allen Grössen jener Zeit mit sich brachte: **Pestalozzi**, **Lavater** und **Pfeffel** verkehrten regelmässig in seinem Haus.

Zu den verschiedenen kürzeren oder längeren Besuchen von Schriftstellern in unserer Stadt – darunter **Goethe**, **Dostojewsky**, **Kleist**, **Voltaire** und **Dickens** – ist ein Name besonders hervorzuheben: der alemannische Dichter **Johann Peter Hebel**, der, 1760 in Basel geboren, heute noch hochverehrt wird und dessen Liedverse «z'Basel an mym Rhy» jedes Kind in Basel aus vollem Herzen singen kann.

19. und 20. Jahrhundert

Eine besondere Beziehung zu Basel hatte **Hermann Hesse**. Er verbrachte als kleines Kind hier fünf Jahre, denen er als junger Mann noch einmal fünf Jahre hinzufügte. Das Werk «Peter Camenzind» und Teile des «Steppenwolfs» sind in Basel entstanden. Unter den grossen Namen darf auch der Basler Kunsthistoriker **Jacob Burckhardt** nicht fehlen, wenn auch sein Werk «Kultur der Renaissance in Italien» nicht zu den poetischen Werken zu zählen ist, ebensowenig wie die bedeutende Schrift des Rechtshistorikers **Johann Jakob Bachofen** über das Mutterrecht. Beide Bücher werden aber auch heute noch besonders geschätzt und gelesen. Mit Interesse werden die Werke der zeitgenössischen Literatur zur Kenntnis genommen, vor allem auch von Literaten der Region, so zum Beispiel von **Rolf Hochhuth**, **Jürg Federspiel** und **Zoë Jenny**.

Museen in Basel

Die meisten Museen sind am Montag geschlossen!
Montags geöffnet haben: das Apothekermuseum, das Historische Museum am Barfüsserplatz, das Jüdische Museum, das Puppenhausmuseum, das Sportmuseum, die Fondation Beyeler in Riehen sowie das Römerhaus in Augusta Raurica am Nachmittag.

Antikenmuseum und Sammlung Ludwig

Di–So 10–17 Uhr, Mi 10–21 Uhr
St. Alban-Graben 5, 4010 Basel
Tram 2/15 bis Kunstmuseum
Tel. 271 22 02
Internet: www.antikenmuseumbasel.ch
1. Sonntag im Monat freier Eintritt

Das Museum umfasst Kunstwerke aus der griechischen, etruskischen und römischen Kultur, vorwiegend aus dem Zeitraum 1000 v. Chr. bis 300 n. Chr. Es ist das einzige Museum der Schweiz, das ausschliesslich der klassischen Antike gewidmet ist. Ab 2001 wird eine ägyptische Abteilung angegliedert werden.

Anatomisches Museum

Do 14–19 Uhr, So 10–14 Uhr
Pestalozzistrasse 20, 4056 Basel
Tram 11 bis St. Johanns-Tor
Tel. 267 35 35

Das Museum zeigt vor allem Originalpräparate von menschlichen Körperbereichen, Organen und Geweben sowie die vorgeburtliche Entwicklung. Auch das älteste anatomische Präparat – ein Skelett, das Andreas Vesalius im Jahre 1543 präpariert hat – kann hier besichtigt werden.

Architekturmuseum

Di–Fr 13–18 Uhr, Sa 10–16 Uhr, So 10–13 Uhr
Pfluggässlein 3, 4001 Basel
Tram 1/3/6/8/11/14/16 bis Barfüsserplatz
Tel. 261 14 13

Hier findet man interessante Wechselausstellungen zu aktueller und historischer Architektur, Fragen des Bauens, der Baugeschichte und der Bautechnologie.

Cocteau-Kabinett

Sa 15–18 Uhr
Feldbergstrasse 57, 4057 Basel
Tram 8 bis Feldbergstrasse
Tel. 692 52 85
Eintritt frei

In seiner Stadtwohnung hat der Cocteau-Kenner Max Madörin sein Kabinett öffentlich zugänglich gemacht. Der Lyriker, Dramatiker, Essayist, Filmemacher und Zeichner Jean Cocteau lebte von 1883 bis 1963. Zu sehen sind Zeichnungen, Bücher, Autografe, Glas und Keramik des vielseitigen Künstlers.

Feuerwehrmuseum

So 14–17 Uhr
Kornhausgasse 18, 4003 Basel
Tram 3 bis Lyss
Tel. 268 14 00
Eintritt frei

Im Feuerwehrmuseum findet man die ganze faszinierende Entwicklung des Feuerlöschwesens dargestellt, angefangen von der mittelalterlichen Handspritze bis zum modernen Sauerstoff-Kreislaufgerät.

Museum für Gegenwartskunst

Di–So 11–17 Uhr
St. Alban-Rheinweg 60, 4052 Basel
Tram 2/15 bis Kunstmuseum
Tel. 272 81 83
Internet: www.kunstmuseumbasel.ch
1. Sonntag im Monat freier Eintritt

In diesem architektonisch interessanten modernen Bau von Kathrin und Wilfried Steib finden sich die Werke der Emanuel Hoffmann-Stiftung und der Öffentlichen Kunstsammlung von den 60er-Jahren des 20. Jahrhunderts bis zur Gegenwart. Die Sammlung mit Schwerpunkt auf Werken von Stella, Beuys und Naumann wird ergänzt durch interessante Wechselausstellungen von Künstlerinnen und Künstlern der Gegenwart.

Historisches Museum

Mo, Mi–So 10–17 Uhr
Barfüsserplatz, 4051 Basel
Tram 1/3/6/8/11/14/16
Tel. 205 86 00
Internet: www.historischesmuseumbasel.ch
1. Sonntag im Monat freier Eintritt

Zu den Glanzpunkten des Historischen Museums am Barfüsserplatz gehören der Basler Totentanz, Bildteppiche aus der Spätgotik, der Basler Münsterschatz und die Schätze der Zünfte, das Münzkabinett und der Kernbestand des Amerbach-Kabinetts. Die Basler Stadtgeschichte wird mit wunderschönen Stuben aus der Gotik, der Renaissance und dem Barock ergänzt.

Jüdisches Museum

Mo/Mi 14–17 Uhr, So 11–17 Uhr
Kornhausgasse 8, 4003 Basel
Tram 3 bis Lyss
Tel. 261 95 14
Eintritt frei

In diesem Museum werden das jüdische Jahr, die jüdische Lehre und das tägliche Leben anhand von zahlreichen Objekten dargestellt. Dokumente zur Geschichte der Juden in Basel, Basler hebräische Drucke und Zionistica ergänzen die beeindruckende Sammlung.

Karikatur & Cartoon Museum

Mi/Sa 14–17.30 Uhr, So 10–17.30 Uhr
St. Alban-Vorstadt 28, 4052 Basel
Tram 2/15 bis Kunstmuseum
Tel. 271 13 36

In Wechselausstellungen sind in diesem Museum des gezeichneten Humors Originalwerke internationaler Künstler des 20. Jahrhunderts zu sehen.

Kirschgartenmuseum

Di–So 10–17 Uhr
Elisabethenstrasse 27, 4051 Basel
Tram 2 bis Kirschgarten

Tel. 205 86 78
1. Sonntag im Monat freier Eintritt

Im stattlichen, früh-klassizistischen Palais «zum Kirschgarten» findet man die Basler Wohnkultur des 18. Jahrhunderts: Möbel, Tapisserien, Kostüme und Gläser aus Basler Häusern und eine entzückende Spielzeugsammlung. In diesem Haus befindet sich auch eine herrliche Porzellansammlung (Stiftung Pauls-Eisenbeiss) mit Meissen, Höchst, Ludwigsburg und Frankenthaler Porzellanfiguren sowie eine grossartige Uhrensammlung (Stiftung Sarasin, Stiftung Nathan-Rupp und Stiftung Dr. Eugen Gschwind) mit wunderschönen Uhren vom 15. bis 19. Jahrhundert.

Klingentalmuseum
Mi/Sa 14–17 Uhr, So 10–17 Uhr
Unterer Rheinweg 26, 4058 Basel
Tram 6/14 bis Rheingasse, Tram 8 bis Kaserne
Tel. 267 66 25
Eintritt frei

In den stimmungsvollen Räumen des ehemaligen Klingentalklosters findet man die Originalfiguren des Basler Münsters sowie Modelle der Stadt Basel und des mittelalterlichen Klosters Klingental und seiner Umgebung und auch zwei schlichte Zellen der Nonnen.

Ausstellungsraum Klingental
Mo–Fr 15–18 Uhr, Sa/So 11–16 Uhr
Tram 6/14 bis Rheingasse, Tram 8 bis Kaserne
Kasernenstrasse 23, 4058 Basel
Tel. 681 66 98
Eintritt frei

Hier finden Wechselausstellungen zum Schaffen der Künstlerinnen und Künstler der Stadt und der Region Basel statt. Auskunft im Museum, in der Tagespresse oder im monatlichen Faltblatt der Basler Museen.

Kunstmuseum
Di–So 10–17 Uhr
St. Alban-Graben 16, 4010 Basel
Tram 2/15 bis Kunstmuseum
Tel. 206 62 62

Internet: www.kunstmuseumbasel.ch
1. Sonntag im Monat Eintritt frei

Die Sammlungen des Kunstmuseums Basel gehören zu den bedeutendsten der Welt. Grundstock bildete das Amerbach-Kabinett, das die Stadt bereits im 17. Jahrhundert erwarb und der Öffentlichkeit zugänglich machte. Viele bedeutende Schenkungen, Stiftungen und Legate folgten im Laufe der Zeit.

Die Alten Meister sind vertreten durch kostbare Bildtafeln von Konrad Witz, Werken von Niklaus Manuel Deutsch, Hans Baldung Grien, Lukas Cranach und einer ausserordentlich grossen Sammlung von Gemälden von Hans Holbein d. J.

Neben den Impressionisten, wie Monet, Manet, van Gogh, Gaugin, Renoir und Cézanne, findet man die Schweizer Meister, vertreten durch Anker, Koller, Buchser, Zünd, Hodler und zahlreiche Werke des Baslers Arnold Böcklin. Die Meister des 20. Jahrhunderts, insbesondere eine grossartige Sammlung von Bildern von Picasso und Braque, aber auch Léger, Juan Gris, Matisse, Chagall, Delaunay, Kokoschka, Mondrian, Mirò, Dalì und den Amerikanern Rothko, Newmann und Kline, zeigen die ausserordentliche Vielseitigkeit und Qualität der Sammlungen des Kunstmuseums Basel.

Kupferstichkabinett
Di–Sa 10–12, 14–17 Uhr
Bibliothek Di–Sa 10–17 Uhr
im Kunstmuseum (s. o.)
Tel. 206 62 72
Eintritt frei

Im Kupferstichkabinett findet man Zeichnungen und Grafik vom 15. bis 20. Jahrhundert, unter anderem bedeutende Bestände der Holbein-Familie und von Cézanne.

Kutschen- und Schlittensammlung
Mi / Sa / So 14–17 Uhr
Scheune bei der Villa Merian in Brüglingen / Grün 80
St. Jakob
Tram 14 bis St. Jakob
Tel. 205 86 00 (Historisches Museum)
Eintritt frei

Kutschen und Schlitten des 19. und 20. Jahrhunderts aus Basler Familienbesitz werden gezeigt: Jagdwagen, Dogkarts, Coupés, Landauer, Kinderkutschen und Kinderschlitten. Postwagen und Fuhrwerke mit Zubehör und Kutscherlivreen bereichern die vielseitige Ausstellung.

Kunsthalle

Di–So 11–17 Uhr, Mi bis 20.30 Uhr
Steinenberg 7, 4051 Basel
Tram 1/3/6/8/11/14/16 bis Barfüsserplatz
Tel. 206 99 00

Die Kunsthalle Basel gehört zu den führenden Häusern für internationale zeitgenössische Kunst. Die verschiedenen Wechselausstellungen werden durch Vorträge, Performances, Video- und Filmvorführungen ergänzt.

Museum der Kulturen

Di–So 10–17 Uhr
Augustinergasse 2, 4001 Basel
Tram 1/6/8/11/14/16 bis Schifflände, 2/15 bis Kunstmuseum
Tel. 266 55 00
Internet: www.mkb.ch
1. Sonntag im Monat freier Eintritt

Der grosse Museumsbau des Architekten Melchior Berri (1849) beherbergt die grössten volks- und völkerkundlichen Sammlungen der Schweiz. Zu den Schwerpunkten der aussereuropäischen Abteilung gehören Sammlungen aus der Südsee und Indonesien, die Altamerika-Sammlung mit u.a. dem Türsturzrelief zweier Mayatempel aus Tikal (Guatemala) und auch die Sammlungen aussereuropäischer Textilien. Schweizerische und europäische Volkskunst wird im benachbarten historischen Wohnhaus des Rollerhofes gezeigt.

Musikinstrumenten-Sammlung

Ab Herbst 2000 im Lohnhof (neben der Leonhardskirche)
Tram 1/6/8/11/14/16 bis Barfüsserplatz, Tram 3 bis Musikakademie
Auskunft: Historisches Museum am Steinenberg 4, 4051 Basel
Tel. 205 86 00

Die grösste Musikinstrumenten-Sammlung der Schweiz beherbergt eine Vielfalt an Blechinstrumenten, aber auch kostbare Holzblasinstrumente, Orgeln, Zupf- und Streichinstrumente, Tasteninstrumente und Trommeln.

Naturhistorisches Museum
Di–So 10–17 Uhr
Augustinergasse 2, 4001 Basel
Tram 1/6/8/11/14/16 bis Schifflände, 2/15 bis Kunstmuseum
Tel. 266 55 00
1. Sonntag im Monat freier Eintritt

Die Ausstellungen decken fast alle Bereiche der Naturwissenschaften ab: von der Erdgeschichte bis zu den heimischen Mineralien, von den ausgestorbenen bis zu den heute lebenden Säugetieren. Zudem ist die grösste Käfersammlung der Schweiz (3 Millionen Käfer!) zu besichtigen.

Basler Papiermühle
Di–So 14–17 Uhr
St. Alban-Tal 37, 4052 Basel
Tram 2/15 bis Kunstmuseum oder Tram 3 bis St. Alban-Tor
Tel. 272 96 52

In der mittelalterlichen Papiermühle können die Besucherinnen und Besucher selbst Papier schöpfen. Man findet zudem viele interessante historische Objekte zur Geschichte des Papiers, der Schriften und des Drucks mit Demonstrationen zu den verschiedenen Techniken.

Puppenhausmuseum
Täglich 11–17 Uhr, Do 11–20 Uhr
Steinenvorstadt (beim Barfüsserplatz)
Tram 1/3/6/8/11/14/16 bis Barfüsserplatz
Tel. 225 95 95
Internet: www.puppenhausmuseum.ch

Auf vier Stockwerken findet sich alles, was ein Kinderherz höher schlagen lässt: Puppenhäuser, Kaufmannsläden, Teddybären (über 2000), Puppen und Spielzeug vom frühen 19. Jahrhundert bis heute.

Schifffahrtsmuseum (Unser Weg zum Meer)
März bis November: Di–So 10–17 Uhr
Dezember bis Februar: Di/Sa/So 10–17 Uhr
Westquaistrasse 2, 4057 Basel (Rheinhafen Kleinhüningen)

Tram 8 bis Kleinhüningen
Tel. 631 42 61

In diesem Museum erfährt man Interessantes über die Bedeutung des Rheins und der Rheinschifffahrt. Eine historische und eine aktuelle Schau informieren ferner über die Verkehrsträger Wasser, Schiene, Strasse und Luft. In der Nähe lohnt auch ein Besuch auf der Aussichtsterrasse des Siloturms (Lift) mit schönem Blick auf die Stadt und die Umgebung.

Skulpturenhalle

Di–So 10–17 Uhr
Mittlere Strasse 17, 4056 Basel
Tram 3 bis Spalentor
Tel. 261 52 45
Internet: www.antikenmuseumbasel.ch
Eintritt frei

In der Skulpturenhalle findet man eine der grössten Sammlungen von Abgüssen antiker Skulpturen, wobei die vollständige Zusammenführung der Bauplastik des Partheons von Athen weltweit einmalig ist.

Schweizer Sportmuseum

Mo–Fr 10–12 und 14–17 Uhr, Sa 13–17 Uhr, So 11–17 Uhr
Missionsstrasse 28, 4055 Basel
Tram 3 bis Pilgerstrasse
Tel. 261 12 21

Das Schweizer Sportmuseum bietet einen interessanten Querschnitt durch Sport und Spiel aus drei Jahrtausenden. Mit Schwerpunkten wie dem Radsport und dem Wintersport kann man anhand von erlesenen Objekten und Bildern auch die verschiedenen National- und Volksspiele der Schweiz, die Geschichte der Ballspiele und die Spiele im Garten nachvollziehen.

Tinguely-Museum

Mi–So 11–19 Uhr (Montag und Dienstag geschlossen)
Grenzacherstrasse 210/Solitudepark, 4002 Basel
Bus 31/36 bis Tinguely-Museum
Tel. 681 93 20
Internet: www.tinguely.ch

Der interessante Bau wurde vom bedeutenden Architekten Mario Botta entworfen. Das Museum ist dem Leben und Werk des Eisenplastikers Jean Tinguely gewidmet. Die beweglichen Werke von den Anfängen der 50er-Jahre mit motorenbetriebenen Reliefs bis zu den riesigen Maschinenskulpturen seiner letzten Jahre begeistern Jung und Alt.

Museen in der Nähe der Stadt Basel

Riehen:
Fondation Beyeler
Mo–So 10–18 Uhr, Mi 10–20 Uhr
Baselstrasse 101, 4125 Riehen
Tram 2/6 bis Riehen-Dorf oder Weilstrasse
Tel. 645 97 00
Internet: www.beyeler.com

Die grossartige Sammlung von Hildy und Ernst Beyeler umfasst rund 180 Werke der klassischen Moderne, wie zum Beispiel Werke von Monet, Cézanne, van Gogh, Picasso, Warhol und Lichtenstein, sowie 25 Objekte aus Afrika, Ozeanien und Alaska, die in die Ausstellung integriert sind. Der vom Architekten Renzo Piano für diese Sammlung konzipierte Bau ist ebenfalls eine Sehenswürdigkeit. Der Einbezug der Landschaft vermag besonders zu begeistern.

Spielzeugmuseum, Dorf- und Rebbaumuseum
Mi–Sa 14–17 Uhr, So 10–17 Uhr
Baselstrasse 34, 4125 Riehen
Tram 6 bis Riehen Dorf
Tel. 641 28 29

Im stimmungsvollen Wettsteinhaus, dem Wohnhaus des Bürgermeisters Johann Rudolf Wettstein aus dem 17. Jahrhundert, findet man eine Sammlung von europäischen Spielzeugen aller Art, wie Modelleisenbahnen, Blech- und Holzspielzeug, Automaten und Puppenhäuser. Im gleichen Gebäude ist auch das Dorf- und Rebbaumuseum untergebracht.

Augst / Kaiseraugst:
Römerstadt Augusta Raurica
Museum: Mo 13–17 Uhr, Di–So 10–17 Uhr
(November bis Februar über Mittag geschlossen)
Giebenachstrasse 17, 4302 Augst

Bus ab Basel Aeschenplatz bis Augst
oder Zug ab Basel Bahnhof SBB bis Kaiseraugst
oder Schiff ab Basel Schifflände bis Kaiseraugst
Tel. 816 22 22
Internet: www.augusta-raurica.ch

Die antike Römerstadt Augusta Raurica mit 20 restaurierten Bauten und Monumenten, dem idyllisch gelegenen Haustierpark sowie dem Römermuseum zeigen das Leben in der alten römischen Kolonie am Rhein.

Muttenz:
Kunsthaus Baselland
St. Jakobsstrasse 170
Tram 14 bis Schänzli

Wechselausstellungen mit Künstlern der Region.

Liestal:
Kantonsmuseum Baselland
Di–Fr 10–12 und 14–17 Uhr, Sa/So 10–17 Uhr
Zeughausplatz 28, 4410 Liestal
Zug ab Basel Bahnhof SBB bis Liestal
Tel. 925 59 86
Internet: www.kantonsmuseum.bl.ch

Das Museum im historischen Kern von Liestal zeigt in der Dauerausstellung die «Seidenbandweberei in Industrie und Heimarbeit». Die Posamenter wohnten im Baselbiet, und noch bis vor einigen Jahrzehnten konnte man Bandstühle in den Bauernhäusern finden. Neben Wechselausstellungen sind auch Kulturgeschichte und Archäologie der Region in der Dauerausstellung zu finden.

Lörrach:
Museum am Burghof
Mi–Sa 14–17 Uhr, So 11–13 und 14–17 Uhr
Baslerstrasse 143, D-79540 Lörrach
Ab Basel: Tram 6 bis Riehen Grenze, dann Bus 6/16/3 bis Aichelepark
Tel. (0049) 7621/91 93 70
Eintritt frei (Ausnahme grosse Sonderausstellungen)

Verschiedene Wechselausstellungen sowie eine grosse regionalgeschichtliche Sammlung.

Weil am Rhein:
Museum für Gestaltung Basel in Weil
Di–Fr 14–19 Uhr, Sa/So 12–17 Uhr
Im Schwarzenbach 6, D-79576 Weil am Rhein
Ab Basel: Tram 8 bis Kleinhüningen, dann Bus 2/6/16 bis Blauenstrasse
Tel. (0049) 7621/79 92 70

Wechselausstellungen zu Themen der Gestaltung, Alltagskultur, Wahrnehmung, Medien- und Objektgeschichte.

Vitra Design Museum
Di–So und Feiertage 11–18 Uhr
Charles Eames-Strasse 1, D-79576 Weil am Rhein
Ab Basel Bad. Bahnhof Bus 5 bis Vitra
oder Zug bis Weil und 20 Min. Fussweg
Tel. (0049) 7621/702 32 00
Internet: www.design-museum.de

Das Vitra Design Museum, in einem Gebäude des kalifornischen Architekten Frank O. Gehry, gehört zu den weltweit führenden Museen für industrielles Möbeldesign. Neben den spannenden Bauten verschiedener führender Architekten (Architekturführungen Di–Do 14 Uhr, Fr–So 12 und 14 Uhr) veranstaltet das Museum verschiedene Wechselausstellungen und Workshops.

Basler Münster
Öffnungszeiten Winter (Mitte Oktober bis Ostern):
Mo–Sa 11–16 Uhr, So 14–16 Uhr
Sommer: Mo–Fr 10–17 Uhr, Sa 10–16 Uhr, So 14–17 Uhr
Münsterkiosk: Tel. 272 91 57

Personen- und Sachregister

Quellen

Literaturnachweis

[1] Schneider, Max F., Die Musik bei Jacob Burckhardt, Basel 1946, S. 127

[2] Schneider, Max F., Die Musik bei Jacob Burckhardt, Basel 1946, S. 63

[3] Schneider, Max F., Die Musik bei Jacob Burckhardt, Basel 1946, S. 9

[4] Schanzlin, Hans Peter, Brahms Briefe aus Basler Privatbesitz, Basler Stadtbuch 1966, S. 209

[5] Schneider, Max F., Die Musik bei Jacob Burckhardt und Teuteberg, René, Wer war Jacob Burckhardt?, Basel 1997, S.103

[6] Robertson, Alec und Steven, Denis, Geschichte der Musik, Prestel Verlag 1964, S. 150

[7] Wanner, Gustav Adolf, Was Basler Gedenktafeln erzählen, Basel 1964, S. 80

[8] Fellmann, Rudolf, u. a., Bodenfunde aus Basels Ur- und Frühgeschichte, Verlag Peter Heman, S. 48

[9] Basler Zeitung, 10. 2. 1996, Klaus Schweizer: Der Herr Hofoperndirektor blickt auf Kleinbasel

[10] Basler Kleinmeister zur Zeit Isaak Iselins, Katalog zur Ausstellung im Stadt- und Münstermuseum 1977, S. 70

[11] Schlumberger-Vischer, E., Der Reichensteinerhof zur Zeit der Alliierten 1813 – 1815, Basel 1901, S. 164

[12] Schlumberger-Vischer, E., Der Reichensteinerhof zur Zeit der Alliierten 1813 – 1815, Basel 1901, S. 9

[13] Robertson, Alec und Steve, Daenis, Geschichte der Musik, Prestel Verlag 1964

[14] Mann, Thomas, Doktor Faustus, zitiert nach der Stockholmer Gesamtausgabe 1947, S. 635

[15] Schneider, Max F., Musik in der bildenden Kunst, 1944, S. 72. Bild von Franz Feyerabend, 1783, auf einer Supraporte im Kirschgartenmuseum

[16] Kupisch, Karl, Karl Barth in Selbstzeugnissen und Dokumenten, Rowolth Taschenbuch 1971, S.125

[17] Wanner, Gustav Adolf, Menschen, Häuser, Schicksale Band II, Basel 1988, S. 117 ff.

[18] Schnierle-Lutz, Herbert, Literaturreisen, Auf den Spuren Hermann Hesses von Calw bis Montagnola, Stuttgart 1991, S. 169

[19] Schnierle-Lutz, Herbert, Literaturreisen s. o., S. 169

[20] Burckhardt-Werthemann, Daniel, Vom alten Basel und seinen Gästen, Basel, Albrecht Dürer in Basel, S. 144

[21] Koelner, Paul, Basler Anekdoten, Basel 1926

[22] Basler Zeitung 27. 3. 1982, Wanner, G. A., Haus zur Rosenburg

[23] Wanner, Gustav Adolf, Häuser, Menschen, Schicksale, Band II, Basel 1988, S. 67

[24] Basler Zeitung 13. 6. 1981, Wanner G.A., Heuberg Nr. 8

[25] Jurablätter, Monatsschrift 43. Jahrgang Heft 11, Nov. 1981, S. 168

[26] Jurablätter, Monatsschrift, s. o. V, Nov. 1981, S. 167

[27] Wanner, Gustav Adolf, Rund um Basels Denkmäler, Basel 1975, S. 9

[28] Jenny, Hans A., Basler Anekdoten, Basel 1990, S. 81

[29] Niklaus Stöcklin, Ausstellungskatalog, Kunsthalle 1928

[30] Schatzkäschtli, Basel 1921, Titelbild

[31] Koelner, Paul, O Basel du holdselige Stadt

[32] Basler Zeitung, Magazin vom 28. 1. 1981, Fridolin Leuzinger: Alfred Heinrich Pellegrini

[33] Wanner, Gustav Adolf, Berühmte Gäste in Basel, Basel 1982, S. 42

[34] Wanner, Gustav Adolf, Berühmte Gäste in Basel, Basel 1982, S. 44

[35] Goethe, Gesamtwerk Band 40 (Sophia Ausgabe)

[36] Wanner, Gustav Adolf, Was Basler Gedenktafeln erzählen, Basel 1964, S. 25

[37] Teuteberg, René, Johannes Oekolampad, in «Der Reformation verpflichtet», Basel 1979, S. 22

[38] Guggisberg, Hans R., Sebastian Castellio, in «Der Reformation verpflichtet», Basel 1979, S. 51

[39] Archäologische Bodenforschung Basel, Jahresbericht 1993

[40] Hesse, Hermann, Kindheit und Jugend, 2 Bände, Frankfurt a. M. 1984, S. 372

[41] Hesse, Hermann, GW 7, Der Steppenwolf, S. 206

[42] Basler Staatsarchiv Q2

[43] Gessler, Albert, Heinrich von Kleist und Basel, Basler Jahrbuch 1916, S. 246 ff.

[44] Heinrich von Kleists Werke, hrsg. von Heinrich Kurz, Leipzig und Wien o. J., 2. Band, S. 428 ff.

[45] Wanner, Gustav Adolf, Berühmte Gäste in Basel, Basel 1982, S. 83 ff.

[46] Wanner, Gustav Adolf, Berühmte Gäste in Basel, s. o., S. 83

[47] Teuteberg, René, Wer war Jacob Burckhardt, Basel 1997, S. 123

[48] Mann, Thomas, Doktor Faustus, zitiert nach der Stockholmer Gesamtausgabe 1947, S. 275

[49] Goethe, Johann Wolfgang von, Der Grosse Cophta, zitiert nach: J.G.Cotta'sche Buchhandlung, Stuttgart 1953, vollständige Ausgabe 3. Band, S. 860 ff.

[50] Burckhardt-Werthemann, Daniel, Häuser und Gestalten aus Basels Vergangenheit, Basel 1925, S. 110

[51] Universitätsbibliothek Basel, Signatur Bc VII Nr. 3

[52] Universitätsbibliothek Basel, Signatur Bc VII Nr. 3

[53] Brant, Sebastian, Das Narrenschiff, 1494

[54] Wilhelmi, Thomas und Mariotte, Jean-Yves, Ausstellungskatalog zum 500-Jahr-Jubiläum des Narrenschiffs, 1994

[55] Wanner, Gustav Adolf, Menschen, Häuser, Schicksale Band I, Basel 1985, S. 66

[56] Universitätsbibliothek Heidelberg cpg 848, Bl. 383r

[57] Konrad von Würzburg, Katalog zur Ausstellung zum 700.Todestag im Stadt- und Münstermuseum 1987

[58] Gotthelf, Jeremias, Jakobs des Handwerksgesellen Wanderungen durch die Schweiz

[59] Wanner, Gustav Adolf, Was Basler Gedenktafeln erzählen, Basel 1964, S. 27

[60] Wanner, Gustav Adolf, Menschen, Häuser, Schicksale: Falkensteinerhof

[61] Hugo, Victor, En voyage, lettres à un ami

[62] Erasmus von Rotterdam, Die Klage des Friedens, zitiert aus dem Taschenbuch Piper Wien/Zürich 1985, S.81/82

[63] Werfel, Franz, Das Reich Gottes in Böhmen

[64] Basler Jahrbuch 1922

[65] Wanner, Gustav Adolf, St.Alban-Vorstadt, Basler Nachrichten, Nr. 182

[66] Schnierle-Lutz, Herbert, Literaturreisen, Auf den Spuren Hermann Hesses von Calw bis Montagnola, Stuttgart 1991, S. 180

[67] Rüedi, Peter, Friedrich Dürrenmatt und Basel, Basler Stadtbuch 1991, S. 191 ff.

[68] Brief Hesses an seine Eltern, 30.3.1898, Kindheit und Jugend, Frankfurt a.M. 1984, S. 248

[69] Schnierle-Lutz, Herbert, Literaturreisen, Auf den Spuren Hermann Hesses von Calw bis Montagnola, Stuttgart 1991, S. 159

[70] Schnierle-Lutz, Herbert, Auf den Spuren H. Hesses, s.o., S. 142

[71] Jantz, Curt Paul, Friedrich Nietzsche in Basel, Basler Stadtbuch 1970, S. 53

[72] Schneider, Max F., Die Musik bei Jacob Burckhardt, Basel 1946, S. 112

[73] Schnierle-Lutz, Herbert, Literaturreisen, Auf den Spuren Hermann Hesses von Calw bis Montagnola, Stuttgart 1991, S. 156

[74] Hesse, Hermann, Das Rathaus, Gesammelte Erzählungen Bd 1, Frankfurt a. M. 1977, Volker Michels Suhrkamp Verlag, GE 1, S. 56

[75] St. Marien Basel 1886–1986, Basel 1986, S. 46

[76] Diesen Hinweis verdanke ich Herrn Dr. Hans Rudolf Schwabe, Basel

[77] Nagel, Anne und von Roda, Hortensia, Der Augenlust und dem Gemüth, Basel 1998

[78] Schnierle-Lutz, Herbert, Literaturreisen, Auf den Spuren Hermann Hesses von Calw bis Montagnola, Stuttgart 1991, S. 153

[79] Meyer-Gutzwiller, Paul, Karl Jaspers und Basel, Basler Stadtbuch 1970, S. 149 ff.

[80] Basler Stadtbuch 1970, S. 149 ff.

[81] Christ, Dorothea, u. a., Die Antoniuskirche in Basel

[82] Kunstgeschichte der Schweiz, Basel Band 4, Joseph Gantner und Adolf Reinle

[83] Schwitters, Kurt, Das literarische Werk Band I

[84] Burckhardt-Werthemann, Daniel, Bilder und Stimmen aus dem verschwundenen Basel

[85] Merian, Wilhelm, Basels Musikleben im 19. Jh.

[86] Erni, Jürg, Basel und seine Musik, Basel 1980, S. 63

[87] Werthmüller, Hans, Tausend Jahre Literatur in Basel, Basel 1980

Von Helen Liebendörfer ist bereits erschienen:

Spaziergänge in Basel

für Touristen und Einheimische

3., überarbeitete Auflage 2000
© Friedrich Reinhardt Verlag, Basel

Bildnachweis

Für nachfolgende Abdruckgenehmigungen danken wir herzlich.

– Titelseite: Muse am Rebhausbrunnen.
  Foto © Helen Liebendörfer, Muttenz.
– Seite 17: Stadtposaunenchor Basel.
  Foto © Kurt Wyss, Basel.
– Seite 23: Gustav und Alma Mahler.
  Foto © Bildarchiv der Österreichischen Nationalbibliothek, Wien.
– Seite 27: Engel am Fischmarktbrunnen.
  Foto © Helen Liebendörfer, Muttenz.
– Seite 33: Merian'sche Säge.
  Foto © Staatsarchiv, Basel.
– Seite 41: Verkündigungsengel (Ausschnitt) in der Peterskirche.
  Foto © Elisabeth Hammer, Basel.
– Seite 47: Maske von Arnold Böcklin.
  Foto © Hans-Jürgen Siegert, Basel.
– Seite 55: Kunstwerk von Tinguely.
  Foto © Hans-Jürgen Siegert, Basel.
– Seite 61: Hebel-Büste.
  Foto © Hans-Jürgen Siegert, Basel.
– Seite 69: Augustinergasse.
  Foto © Helen Liebendörfer, Muttenz.
– Seite 75: «Doktor Faust», Basler Marionetten-Theater, Figur von Richard Koelner.
  Foto © Marischa Burckhardt, Basel.
– Seite 87: Glasfenster der Pauluskirche.
  Foto © Erik Schmidt, Basel.
– Seite 99: «Basel vom Rheinschänzli aus» von Paul Klee, 1896/97, Bleistift, 12,2 x 20,2 cm. Kunstmuseum Bern, Paul-Klee-Stiftung.
  Foto © ProLitteris, Zürich.
– Rückseite: «Der schreibende Erasmus» von Hans Holbein d.J., 1523, gefirnisste Tempera auf Lindenholz, 37 x 30,5 cm.
  Foto © Martin Bühler, Öffentliche Kunstsammlung, Basel.